RODRIGO CORRÊA LEITE

O PODER DA ESCUTATÓRIA

FEEDBACK GENUÍNO PARA TRANSFORMAÇÃO PESSOAL E CONSTRUÇÃO DE RELAÇÕES DURADOURAS

Publisher
Henrique José Branco Brazão Farinha
Diretor comercial
Eduardo Viegas Meirelles Villela
Editora
Cláudia Elissa Rondelli Ramos
Preparação de texto
Gabriele Fernandes
Revisão
Vitória Doretto
Ariadne Martins
Projeto gráfico de miolo e editoração
Daniele Gama
Capa
Casa de Ideias
Impressão
Colorsystem

Copyright © 2016 *by* Rodrigo Corrêa Leite
Todos os direitos reservados à Editora Évora.
Rua Sergipe, 401 – Cj. 1.310 – Consolação
São Paulo – SP – CEP 01243-906
Telefone: (11) 3562-7814/3562-7815
Site: http://www.editoraevora.com.br
E-mail: contato@editoraevora.com.br

DADOS INTERNACIONAIS PARA CATALOGAÇÃO NA PUBLICAÇÃO (CIP)

L555p

Leite, Rodrigo Corrêa
   O poder da escutatória : feedback genuíno para transformação pessoal e construção de relações duradouras/ Rodrigo Corrêa Leite. - São Paulo : Évora, 2016.
   240 p. ; 16 x 23 cm.

   Inclui bibliografia.
   ISBN 978-85-8461-059-4

   1. Administração de pessoal. 2. Sucesso. 3. Desempenho – Avaliação. 4. Recursos humanos - Administração. I. Título.

CDD- 658.3125

JOSÉ CARLOS DOS SANTOS MACEDO – BIBLIOTECÁRIO – CRB7 N. 3575

Dedicatória

Dedico a todos que, direta ou indiretamente, participaram deste projeto.

Pessoas que, de coração aberto, contribuíram para que a escuta fosse mais praticada e valorizada nas relações humanas, tanto pessoal quanto profissionalmente. Todos que incentivaram, participaram das dinâmicas e debates, enviaram relatos, manifestaram apoio, forneceram *insights* e testaram a entrega do "presente", escutando antes para falar melhor.

Desejo que a luz que ajudaram a espalhar esteja sempre com vocês.

Agradecimentos

Sim, há muito a agradecer, pois jamais fiz nada sozinho. Considero-me um privilegiado, porque nasci na família, no tempo e no lugar certo. Fatos estes que me proporcionaram inspiração e orientação nesta caminhada.

Em primeiro lugar, agradeço a Deus. Inspiração e alento nas horas de aprendizado, fonte de toda compaixão e respeito, que norteou minhas pesquisas e experimentos.

Registro também minha gratidão a quem carinhosa e respeitosamente quero chamar de "minhas famílias". Pessoas que compartilharam suas vidas comigo e que são modelo e referência para a construção e término deste trabalho.

Agradeço à família na qual nasci. Aos meus pais, senhores Frutuoso Corrêa Leite e Maria Aparecida Santos Corrêa Leite, figuras maravilhosas que, além de vida, me deram os ensinamentos de valores e exemplos de garra, amor pela família e pelo trabalho. Em todos os meus dias, serei grato pela dedicação e pelo esforço que sempre ofereceram. Ao meu saudoso pai, um apaixonado pela esposa e filhos, trabalhador incansável, que demonstrou que só o melhor deve ser feito à família e ao trabalho. À minha querida mãe, uma guerreira afetuosa e justa. Verdadeiro exemplo de vida, uma "gentólifa" (que gosta de gente), amorosa, bem-humorada e cheia de sabedoria. Sou honrado em ser um de seus filhos, de ter nascido no seu berço e ter tido o seu colo. Como minha companheira e confidente, sempre está do meu lado, inclusive como exemplo em todos os meus cursos e palestras.

Ao meu filho Felipe Moura Leite, orgulho e felicidade são palavras que podem ajudar a expressar o que sinto pela honra de tê-lo como filho. Um garoto que completou minha vida desde que soube de sua chegada. Meu parceiro, que também participa ativamente de muitas das histórias que conto em meus cursos e palestras. Posso dizer que é um dos coautores desta obra.

Aos meus irmãos Ricardo José Corrêa Leite, Rogério Corrêa Leite e Renata Corrêa Leite, companheiros de caminhada, que compartilham comigo suas histórias. Saibam que minha gratidão por vocês é imensa e que nossos laços são eternamente duradouros.

Ao Instituto Cultural Niten, na pessoa de meu mestre Kishikawa Sensei. Nesta família encontrei energia, inspiração, coragem, determinação e foco para seguir avante neste projeto. Agradeço ao *sensei* pela oportunidade que me proporciona de aprender sobre os valores e a força dos samurais, por compartilhar da estratégia e das técnicas de Musashi Sensei e dos votos do Hagakure, que certamente são ingredientes essenciais das mensagens contidas neste livro. Agradeço também aos meus colegas de treino, pois sua presença e incentivo permitem-me praticar e sentir a força do espírito na busca dos objetivos. Sou eternamente grato por ter sido acolhido nesta família e espero poder retribuir o bem que tenho recebido neste convívio.

Ao Grupo 3corações, uma família valorosa e guerreira, que me ofereceu campo para aplicar plenamente tudo o que está descrito neste livro. Pedro Lima, Paulo de Tarso Lima, Vicente Lima, Sueli Alves e Romero Martins representam carinhosamente os que aqui chamo de "nosso povo", pois acolheram e permitiram que minhas mensagens e pesquisas estivessem no seu cotidiano. Minha eterna gratidão e respeito a essa empresa e por essas pessoas do bem, que fazem jus aos corações no nome de seu negócio. Vocês são fonte inspiradora e terreno fértil e provam que é possível existir um lugar onde as pessoas possam trabalhar e ser felizes em suas carreiras. Meu muito obrigado pela oportunidade e respeito que a mim sempre foram oferecidos. Nessa empresa senti o valor de ser professor e ainda mais orgulho da profissão que escolhi.

Aos primos, alunos, amigos, amigas, colegas, gestores e participantes de meus cursos, palestras e seminários. Pessoas de valor que assistiram, praticaram, compartilharam e ofereceram seus exemplos, recebam minha eterna gratidão. Vocês são também coautores desta obra. Foi a partir de observações em nossa convivência que despertou em mim o desejo de contribuir com a necessidade, mais que evidente, de descobrir como melhorar a qualidade dos feedbacks dados e recebidos. Ao perceber como bons e maus gestores praticavam, pude iniciar as pesquisas e experimentos nas salas de aula dos cursos de graduação, pós-graduação e de empresas por onde passei. Aos poucos, os testes foram dando lugar a resultados consistentes que formaram o embrião deste livro. Está sempre em minhas preces o desejo de que a Escutatória os impulsione e os ajude a exercer uma liderança mais humana e respeitosa, em que a bondade e a paz estejam sempre em seus caminhos e discursos.

Quero registrar também um agradecimento especial ao mestre Rubem Alves. Um verdadeiro educador, autor de obras maravilhosas e que ofereceu o *insight* decisivo para a definição do título e enredo principal desta obra. Seu jeito simples e carinhoso de ensinar transformou muitas vidas e, neste momento, quero inventariar-me neste grupo de transformados que sentiram na pele o poder de suas palavras e reflexões. Lamento que tenha encerrado seu ciclo antes que eu pudesse terminar este trabalho, pois seria honra completa apresentar-lhe pessoalmente meu livro. Porém, tenho certeza de que seu legado está bem protegido dentro do conteúdo das linhas que me atrevi a escrever e que juntos poderemos contribuir com a formação de profissionais, pais e professores que valorizam a Escuta antes da Oratória.

Registro também minha gratidão à família da Editora Évora. Acredito que nada é por acaso, e nosso encontro é a prova desta energia criadora que liga os pontos que devem estar unidos para a produção verdadeira. Meu muito obrigado ao Eduardo Villela, sua serenidade e habilidade de escuta possibilitou a primeira conexão entre nossos projetos. Ao Henrique Farinha, um guerreiro da produção que correu com todos os detalhes da obra nos bastidores, garantindo eficiência de gestão do projeto, e um especial abraço fraterno à Claudia Rondelli, que garantiu revisão e editoração de extrema competência e detalhamento. Seu trabalho foi fundamental para que esta obra estivesse emoldurada de cuidados de escrita e redação. Foi um trabalho em equipe valoroso e que tenho a felicidade de poder relatar em minha história.

Todas essas famílias que citei estão nas minhas orações. Desejo que a luz esteja sempre com todos e todas e espero ser merecedor de permanecer ao lado de vocês nesta caminhada. Sempre uma honra e felicidade conviver com vocês.

E, finalizando, quero agradecer a você que está com esta obra em mãos. Muito obrigado pelo interesse e atenção. Saiba que há muito trabalho e experimentos realizados aqui. Desejo que você encontre o que procura e que o poder da escutatória lhe ofereça novas perspectivas de convívio e de liderança em todos os ciclos de sua vida.

Muito obrigado!

Prefácio

O poder da escutatória aborda, de forma legítima e criativa, a dinâmica da comunicação entre as pessoas. Vai além e eleva esse processo, destacando-o como essencial para o convívio humano equilibrado nos mais diversos segmentos: empresas, comunidades e famílias.

O poder da escutatória é um texto completo, comprometido, que cuida de detalhes. Com base sólida, corresponde à ampla vivência de Rodrigo Leite como professor universitário e executivo de desenvolvimento humano e organizacional em grandes corporações.

No Grupo 3corações, temos tido a grata satisfação em compartilhar com Rodrigo Leite o mesmo ambiente de trabalho, onde as suas duas posições mais diletas são exatamente professor e vendedor. Entendemos que essas funções, ensinar e vender, promovem o desenvolvimento de pessoas, empresas e sociedade em um ciclo virtuoso de progresso e prosperidade sustentável. É principalmente neste espaço de aprendizagem corporativa que enxergamos *O poder da escutatória* com extraordinária aplicabilidade.

Em tempos em que a sociedade é incentivada a se expressar continuamente e a oratória é enaltecida, *O poder da escutatória* conduz a uma profunda compreensão do outro através da escuta, como uma condição básica e responsável, que nos habilita a fornecer uma reposta ou feedback.

O livro de Rodrigo Leite está fundamentado em função da dialética harmoniosa entre o professor e o vendedor, escrever e fazer o que se escreve, orientação e ação. Esse é o compromisso da obra e o que melhor define a personalidade brilhante e guerreira do autor.

Pedro Lima

Presidente do Grupo 3corações

Sumário

Reflexões sobre oportunidade... 1

E a palavra "escutatória"? 9

Preparando-se para a caminhada 17

O poder das escolhas... 21

PARTE I – Encontrando motivos 25

Qual é a sua obra? 27

Qual é o seu destino? 35

O caminho 41

O poder das palavras... 43

Reflexões sobre como prever o futuro................. 45

Você já agradeceu hoje? 47

O poder dentro de cada um... 49

Gostar de gente.. 51

PARTE II – O sistema de navegação da "Escutatória" 55

Sobre mecanismos e instrumentos de navegação 57

O corpo fala.. 63

Qual a sua postura?... 73

A coerência 79

PARTE III – Caminhando e Praticando a "Escutatória" **83**

I – A arte de presentear.. 85

II - Não recebi presente algum! E agora?........................ 111

A sinceridade... 129

A reunião de feedback 131

Unindo o "o que dizer" com o "como fazer" 149

Tipos de feedback 163

PARTE IV – Aprendendo com a "escutatória" **203**

Os ganhos com feedback...................................... 205

Erros mais comuns em feedback 209

PARTE V – Chegando ao destino **223**

Ao chegar ao destino.. 225

Referências bibliográficas 231

Reflexões sobre oportunidade

Tenho aprendido que a cada descoberta que faço, novos caminhos tenho a percorrer e descobrir. Ou seja, retirar o manto, a cobertura, a tampa... Gosto também de desvendar, tornar visível o que estava oculto aos olhos...

Posso definir-me como um curioso que permanece na idade dos porquês. Gosto de buscar o sentido, a definição, o significado. Percebi que é provando os sabores que se obtém as experiências – e é claro que nem sempre gostamos dos resultados, mas isso é assunto para outro momento...

Sou um obstinado por conhecer significados. O significado do trabalho, da amizade, das palavras –, saber a origem (etimologia) das palavras passou a ser uma de minhas diversões. Comecei a gostar mais de história ao conectar a linguagem e o nascedouro dos vocábulos ao contexto que analiso. Aprendi que, ao expressarmos algo, usamos a força dos significados, das mensagens, dos códigos.

Lembro-me de que passei a me interessar por etimologia quando trabalhei na área de vendas, percebi que a habilidade de influenciar é moldada pelo conhecimento das palavras e seus significados. Estes podem ajudar sobremaneira na argumentação, e saber qual palavra usar e em qual momento pode sim fazer a diferença na decisão dos clientes. Aliás, vender algo, de uma forma ou de outra, sempre fez parte de minha vida, desde a infância, pois me aventurava vendendo limões e também ferro-velho que eu e meus primos, em uma diversão descomprometida, catávamos nas ruas.

Enfim, já adulto, foi durante uma reunião em uma grande companhia que a palavra "oportunidade" atravessou o meu caminho. Lembro-me de que um gerente regional estava apresentando aos presentes dados de participação de mercado. Projetou um gráfico no qual uma coluna representava o nosso percentual de vendas e em outra, a do nosso principal concorrente. Naquele momento, o gráfico era muito mais favorável visualmente ao nosso adversário...

Mas, em minha opinião, aquele gerente conseguiu dar outro rumo à reunião e conquistou toda a plateia ao fazer uma ilustração simples, demonstrando a diferença no tamanho entre as duas colunas do gráfico e disse-nos: "Este é o tamanho da nossa oportunidade".

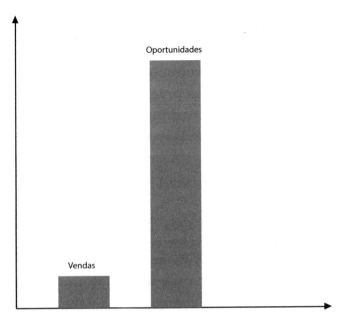

Uau!

Para um novato como eu, aquilo foi um golpe de mestre! Passei a admirar a palavra "oportunidade" como o espaço, o território, que teríamos a conquistar. Vi que tínhamos mais chance de mostrar trabalho do que o concorrente, pois este, apesar de estar à nossa frente, não tinha chance de conquista, o que significava maior possibilidade de perda do que de ganhos, já que o mercado de clientes era o mesmo. Nós tínhamos muito mais a ganhar do que ele a perder.

Mais adiante, durante o desenvolvimento de minha carreira, descobri que realmente há poder nas palavras. Aprendi que, ao conhecer a origem de uma palavra e sua história, passamos a respeitá-la e valorizá-la mais.

E advinhe qual foi a primeira palavra que pude conhecer a origem? Sim, a "oportunidade" foi a minha referência.

Por meio das leituras que tive acesso, aprendi que os romanos, antes do período cristão, cultuavam vários deuses, dentre eles, um deus chamado Portunus. Este nome vinha de *"portus"*, ou porta, passagem. *Portus*, como porto, ficou sendo a passagem da via aquática para um destino. Ao adicionarem *"ob"*, que vem de "em direção a", cunhou-se o termo *"opportunus"*, definindo a mensagem de "o que empurra para o porto", ou seja, "um vento a favor", já que naquela época histórica, o vento era o principal (se não o único) meio de propulsão das embarcações.

Utilizando esta metáfora no dia a dia, pois todos desejamos bons ventos e, é claro, ao nosso favor, passa-se a existir o termo "oportuno", ou seja, algo bem-vindo.

Assim, "oportunidade" vem de:

> *"O vento bom que leva para o porto."*

Esse termo foi utilizado na antiguidade durante as navegações, quando o vento *ob portus* era esperado pela tripulação de uma embarcação. Pois era este vento que inflava e forçava as velas em direção à costa, ao destino, ao porto...

Podemos fazer várias associações entre esse conceito e o nosso cotidiano. Já ouvi dizer que sorte é o encontro da oportunidade com o preparo, com a competência. Neste sentido, o preparo seriam as velas, os mastros, os equipamentos de navegação do navio; e a oportunidade, ou seja, o vento, seria o comprometimento, o conhecimento, o mover-se rumo aos objetivos...

Sejam quais forem essas associações, o valor da palavra "oportunidade" já está consagrado em minhas anotações e conhecimentos.

Passei a valorizar cada instante de aprendizado como um vento, e eu preciso estar com as velas de minha embarcação (minha vida) prontas, atentas para o soprar do *ob portus*. Pois quando ele soprar, se eu estiver despreparado, com as velas abaixadas, arriadas, o vento passa e minha embarcação não sairá do lugar. Ficarei parado, sem evoluir para o meu objetivo.

Quantas e quantas pessoas conheci em minha caminhada que adoram reclamar de que nunca tiveram oportunidade para isto ou para aquilo. Talvez você, neste momento, também esteja pensando que não teve a chance. Prefiro pensar que todos somos abençoados com o vento bom que leva para o porto, só é preciso estar preparado quando ele soprar. E para isso é preciso querer, e com certeza nem todos o fazem. É mais cômodo reclamar, falar, maldizer do que agir, mover-se, preparar-se...

Prefiro a versão do otimista que percebe a mensagem e concentra-se no que ela possa trazer de bom. Sendo assim, vi que a palavra "oportunidade" é muito poderosa e que, se soubermos decodificar as mensagens que recebemos, de erros ou de acertos, sempre teremos uma oportunidade de aprendizado.

Assim, faço-lhe um convite:

Deixe suas velas prontas ao ler este livro!

Mas como fazer isso? Você deve estar se perguntando. Sem trazer receitas prontas ou truques mágicos, vou compartilhar o que tenho aprendido. Meus acertos e meus erros me trouxeram até aqui e foi neles que me inspirei para escrever este livro. Aprendi que, se observarmos com cuidado alguns detalhes e os colocarmos no contexto ideal, podemos tirar valiosos aprendizados na caminhada.

Atitudes positivas para uma boa caminhada

Assim, anotei alguns passos que têm me trazido bons resultados. Fique à vontade para conhecê-los e decidir se valem a pena para você e sua caminhada.

Em primeiro lugar, aprenda a pedir! Sim, faça seu pedido, mas deve ser de coração, verdadeiro e inspirado realmente naquilo que deseja. E posso lhe afirmar que funciona!

Analise este dito popular: "Quem planta vento colhe tempestade". Imagino que já tenha ouvido esta sábia frase por aí. Sim, é verdadeira! Tudo o que desejarmos acontecerá. Lembre-se de que plantar é opcional, mas colher é obrigatório. Ou seja, você tem o poder de decidir se faz ou não a sua "semeadura", a sua escolha de fazer ou não algo. E toda escolha tem consequência.

Sendo assim, pensando pelo lado positivo, se optar por plantar bondade, tenha tranquilidade, pois colherá bons frutos.

Sem entrar nos assuntos da física e afins, podemos simplesmente usar conceitos básicos de energia para ilustrar esse pensamento. Ora, se o átomo está entre as menores partículas de tudo o que existe, e se cada átomo é formado por elementos com cargas positivas, negativas e neutras, e estão em constante e incrível movimento, pode-se deduzir que tudo, simplesmente tudo, é energia.

Para ler até aqui, você já consumiu energia. Para segurar este livro, também. Enfim, estamos envoltos em um mundo de energias.

Desta forma, usando os princípios das artes marciais:

"Precisamos usar a energia existente a nosso favor."

Acredite, a todo movimento de intenções que depositamos há um fluxo de energia que retorna até nós, no tempo certo. Ou seja, a vida é como um eco, você recebe de volta os sons que emite. Quer ouvir melodias melhores? Tenha atenção aos sons que está emitindo.

Complementar a este, há outro conceito muito importante:

"Toda palavra tem poder."

Sim, e como tem. Tudo o que dizemos ou pensamos imediatamente irradia aquela energia que citei acima. O nível de profundidade dos resultados que virão depende da intensidade de intenção na mensagem. É mais ou menos assim: quer mais vitórias, então, passe a valorizar mais as conquistas do que as faltas. Dê mais valor ao que recebeu e pare de reclamar do que não tem. Quanto mais reclamar, quanto mais exaltar a falta, o pouco, o menos, será isso que terá. Você só receberá o que pedir. A história da humanidade está repleta de registros e ensinamentos que indicam este caminho. Separei um trecho do livro do evangelista Lucas para ilustrar este ensinamento milenar, baseado na positividade e na força da intenção:

"Portanto, eu vos digo: pedi e recebereis; procurai e encontrareis; batei e vos será aberto. Pois quem pede, recebe; quem procura, encontra; e, para quem bate, se abrirá."

Jesus de Nazaré, Lc 11, 5-13

O que, em geral, ocorre é que nem sempre sabemos pedir. Preferimos dizer que não queremos em vez de darmos força ao que realmente desejamos. Adoramos ficar reclamando por aqui ou ali, dizendo que não aceitamos aquilo, que não queremos isso... Ou seja, realizamos um movimento inverso e acabamos atraindo exatamente o que queremos afastar.

Confesso que não é fácil. Diariamente, somos expostos cada vez mais a circunstâncias de apego, que nos trazem a sensação de incompletude, como se o tempo todo precisássemos daquilo que não temos, e então entramos em um círculo vicioso da indústria de consumo.

Comigo não é diferente. Tenho aprendido a duras penas que é preciso aprender a pedir. E por este motivo, lhe digo:

Pare de pedir o que você não quer.
Comece agora a pedir o que você realmente QUER.

Em vez de ficar dizendo que você não quer mais sofrer, sugiro desejar intensamente e dizer que quer ser feliz com aqueles que ama, prosperar e aprender... Pode ser que a estrada tenha pedras ou espinhos pelo caminho, mas o que importa é o que você encontrará quando chegar.

Ficar reclamando do chefe ou do emprego, dizendo o tempo todo que não quer mais tal tipo de trabalho, pouco lhe ajudará na mudança. Isso pode levar a uma demissão e piorar a situação.

É como se nos intoxicássemos com o nosso próprio veneno. Pensar naquilo que não queremos atrai justamente isso.

Bem, se até aqui tudo isso fez sentido para você, então vou lhe indicar um simples exercício, a fim de iluminar mais a nossa caminhada juntos nesta leitura. Eu desejo fortemente que o que deixei registrado em todas estas páginas lhe seja prazeroso e de valia em seu aprendizado. Desejo que você encontre mensagens que lhe apontem direções que promovam seu desenvolvimento pessoal e profissional. Que juntos possamos aprender para crescer e prosperar.

E a palavra "escutatória"?

Partindo do princípio de que há um poder energético nas palavras, nesta obra inspirei-me em um trocadilho muito inteligente e valioso, proposto por um dos maiores educadores brasileiros, o escritor Rubem Alves.

Certa vez, ouvindo e absorvendo ensinamentos deste mestre genial, captei a seguinte reflexão: "Sempre vejo anúncios de cursos de oratória, mas nunca vi anunciado um curso de escutatória". Esse pensamento colocou-me em verdadeiro transe, fiquei tomado pela energia da proposta, pois concordo plenamente que há um caminho belo e verdadeiro a ser percorrido na escuta, no real interesse pela mensagem, pelo outro.

Para completar, Rubem Alves ainda deixou publicado o seguinte trecho:

"O que as pessoas mais desejam é alguém que as escute de maneira calma e tranquila. Em silêncio. Sem dar conselhos. Sem que digam 'se eu fosse você'. A gente ama não é a pessoa que fala bonito. É a pessoa que escuta bonito. A fala só é bonita quando ela nasce de uma longa e silenciosa escuta. É na escuta que o amor começa. E é na não escuta que ele termina."

Rubem Alves

Decidi, então, através das minhas linhas, homenagear o grande mestre Rubem Alves, e, como apaixonado pela educação transformadora, utilizei esta combinação de palavras para estimular outra forma de entender e praticar o feedback. Sendo este uma prática para o crescimento e desenvolvimento pessoal que baseia-se na escuta antes da oratória, ou seja, a prudente escuta antes da fala.

Como disse antes, acredito que toda palavra tem poder. Por esse motivo, percebi que, nos tempos atuais, o poder da palavra "feedback" foi enfraquecido pelo simples fato de as pessoas não terem sido devidamente preparadas para executá-lo.

Na lista dos despreparados há pais, professores, chefes, colegas de trabalho que, com o passar do tempo, conseguiram manchar e ofuscar o brilho do ato de dar ou de receber um feedback. Tornando o que deveria ser um momento de aprendizado numa sessão traumatizante e desestimulante. Muitas vezes, em vez de ensinar, acabam traumatizando, expondo e diminuindo o valor do outro.

Algo que deveria ser de valiosa contribuição para a caminhada passa a ser motivo de preocupação, de medo e até de vingança. Tudo isso só estimula a adoção de posturas defensivas que impedem a pessoa de absorver as mensagens que lhe são dadas em um feedback, ou seja, reforçam modelos imaturos de negação, justificação e vitimização, que nada ensinam, desenvolvem ou promovem.

Como professor e executivo de desenvolvimento humano, tenho percebido que as pessoas nem sempre conseguem dar o seu real recado no momento de um feedback. Tenho visto muita gente tentando praticar, mas sem técnica ou usando modelos antiquados, descontextualizados ou até ultrapassados.

Percebi que há então uma grande **oportunidade** no momento de dar ou receber o **feedback** e que, para isso, é preciso saber praticar a **escuta**. É necessário virar o jogo e oferecer aos pais, professores, gestores e profissionais em geral um método simples e eficaz que utilize as **palavras** certas, as reflexões eficazes e transformadoras, que realmente promovem o aprendizado quando tiverem que dar ou receber um **feedback**.

Passei a dedicar-me a observar e a aprender com todos os exemplos de feedback que tive contato. Meus alunos, amigos, mestres, familiares, todos passaram a ser meus professores na arte dessa ferramenta. Virei um pesquisador do tema, descobrindo bons cursos, autores, praticantes e publicações a respeito. Debrucei-me sobre o fenômeno do comportamento humano e descobri um fascinante mundo, o do "ser" humano. Ou seja, no existir e coexistir dentro de nossos meios sociais, como família, escola, trabalho, comunidade etc.

Nesta pesquisa, a cada descoberta percebi que precisava me aprofundar mais e lancei mão de conhecimentos sobre neurolinguística, filosofia, antropologia, história, etimologia, psicologia, sociologia, comunicação verbal e não verbal, relacionamentos interpessoais, ética, e outros campos do conhecimento para poder compor o quebra-cabeça a mim apresentado – o de refletir sobre o feedback tendo o ser humano como o objeto central do estudo.

Nas faculdades e cursos em que atuei como professor, passei a compartilhar e experimentar alguns dos conceitos que fui aprendendo. Ao propor determinados exercícios aos alunos e colegas, pude receber valiosas informações, tanto de boas práticas quanto de alertas sobre o que realmente funciona e sobre o que deve ser evitado, o que fere, traumatiza e bloqueia no momento de dar ou de receber um feedback. Sempre tendo o máximo de amplitude possível, isto é, pensando em diversos ambientes, como em casa, no trabalho, na comunidade etc.

A fim de estimular meus alunos a pesquisar e a buscar o conhecimento fora dos limites da sala de aula, criei um blog e pus-me a publicar textos focados no comportamento humano. Reflexões que trabalhei em aula e que eles poderiam acessar para avaliar suas vidas profissionais ou pessoais. Esse espaço virtual me trouxe outras valiosas contribuições, pois passei a receber relatos de pessoas de vários lugares diferentes, reforçando os princípios que percebi serem diferenciais no momento do feedback.

Acumulando todo esse material, consolidei-o em um método simples e de fácil aplicação para praticar o feedback. Criei uma nova forma de pensar e de avaliar este momento tão valioso e, muitas vezes, mal praticado no dia a dia, seja por pais, professores, gestores, filhos, alunos, amigos...

Durante anos, coloquei meu método em teste. Em salas de aula de cursos de graduação, pós-graduação, palestras, cursos, seminários e eventos; nos mais diversos lugares do país, com diferentes pessoas, de várias empresas, formações, idades, níveis sociais e hierárquicos, experiências e contextos. Assim, pude decifrar alguns segredos que existem por trás de um excelente feedback.

Ao ver o método em aplicação e acompanhando os resultados, percebi que ele funciona e que, sim, há uma forma de apoiar o crescimento da outra pessoa que nos acompanha na caminhada, seja em casa, no trabalho, na equipe ou na sala de aula.

Organizei tudo isso neste livro e proponho aqui a **arte da escutatória**.

Um conjunto de reflexões, pensamentos, estudos, experimentos e pesquisas, traduzidos em uma analogia simples e funcional. Um jeito novo de dar e receber feedbacks. Um método fácil de usar a "escuta" como radar, como instrumento de identificação, de navegação. Uma forma de definir como agir ou reagir usando o feedback como ação.

Em meu método, combino a palavra "escuta" com a palavra "oratória", que juntas criam um novo termo, a **"escutatória"**.

Uma forma mais equilibrada entre escutar e falar, entre perceber e agir, entre refletir e aprender. As duas palavras trazem consigo a energia que impulsiona para o bom e correto feedback. Aquele que é baseado na bondade e no interesse pelo bem-estar e evolução do outro.

Escutatória traz primeiro a escuta, depois a fala (oratória), ou seja, primeiro preste atenção, depois emita seu parecer. E esta lógica simples faz uma grande diferença, pois já mostra no nome que, se dedicarmos alguns instantes a escutar de forma plena, evitaremos dizer bobagens e definiremos os melhores argumentos.

Tenho certeza de que você já deve ter passado por situações em que, se tivesse escutado primeiro, evitaria constrangimentos logo em seguida. Ou mesmo agiria com maior eficácia já sabendo o que deveria ser feito.

Escolhi também a palavra "arte" pela relação que traz com carinho, paixão, cuidado e resultado esperado pelo artesão diante de sua criação, de sua arte. Naquele que coloca sua energia criativa em moldar e escolher o contorno, o tom, a forma ideal que representará sua obra. Essas palavras, "arte" e "escutatória", quando combinadas, emprestam energia valiosa ao trabalho que está aqui registrado e encaixam-se perfeitamente no mosaico de palavras até aqui já construído: expressam o desejo deste autor de que você passe a escutar com cuidado, a colocar bondade e carinho nas suas ações, a ser apaixonado pelo ser humano, imperfeito como o é e, a agir responsavelmente pelos resultados que colher em sua caminhada como pai, mãe, professor ou professora, gestores ou colegas de existência nesta vida.

Desejo que as boas energias das palavras contidas neste método ajudem a impulsionar o barco de sua existência até o seu porto, onde estão os seus objetivos de vida pessoal ou profissional.

Que você encontre nesta *Poder da escutatória* motivos para descobrir novos conhecimentos que iluminem caminhos, tanto o seu quanto o dos outros. Que você encontre aqui uma forma mais leve de dar e receber feedbacks. Que no curso de seu caminho, você semeie a paz para que outros possam o seguir e evoluir contigo na caminhada.

Tendo isso em mente, peço que **você** reflita um momento:

Imagine-se dando os seus melhores feedbacks. Visualize o semblante da outra pessoa recebendo as suas orientações daqui em diante. Imagine o olhar dela, o rosto, os gestos, a respiração. Concentre-se em imaginar-se fazendo o bem ao outro e entregando a seu ouvinte algo que lhe faça feliz e completo.

Este exercício é essencial para o que virá a seguir. Pense no que você deseja, peça fortemente o que realmente quer. Imagine-se vibrando com o crescimento da outra pessoa que você acabou de proporcionar.

E acredite, você saberá se fez o pedido corretamente. Quando pedimos errado nos sentimos estranhos, incompletos, quase que enfraquecidos. Ao pedir corretamente, ficamos leves, felizes e em paz. A plenitude é tamanha e tão intensa que até a respiração fica mais facilitada, mais prazerosa.

Dedique alguns instantes agora e faça o pedido sobre esta leitura.

Agora que já fez o exercício, saiba que ele o ajudará na escolha de seu destino, de seu objetivo, de seu "porto".

Talvez o seu objetivo seja encontrar neste livro algumas pistas para você adicionar à sua carreira profissional, ou à sua vida familiar, social, ou mesmo para conhecer-se melhor. O importante é ter um destino definido para poder identificar o rumo a seguir.

"Quem não sabe o que quer, não identifica o que acha."

Immanuel Kant

Pedido feito, desde que com intenção deliberada e forte, mantenha seus sentidos prontos, pois as mensagens virão. Ou seja, como aquilo que vimos no significado de "oportunidade", mantenha suas velas prontas. Tenha certeza de que os ventos irão soprar, as mensagens virão em forma de *insights*, ideias ou reflexões. A partir de então, permita que os ventos lhe "empurrem" rumo aos seus objetivos.

Muito do que você lerá nesta obra são relatos meus, de minha caminhada, dos aprendizados que consegui coletar e colecionar. Lembrando que você é livre para concordar ou discordar de minhas anotações. Há ainda mensagens que cito de personagens que conheci, de amigos ou de mentores que compartilharam seus aprendizados comigo (que considero coautores desta obra e que têm minha eterna gratidão!), ou também de boas obras em forma de livros, filmes, prosas etc. Para mim, foram ricos momentos de aprendizado. Oportunidades que, de alguma forma, aproveitei e que me impulsionaram ao destino que visualizei.

Permita-se descobrir e sentir o poder do vento da oportunidade!

Sempre faço este convite ao iniciar meus cursos, palestras e seminários. E tenho visto que o percentual de satisfeitos é bem maior e que há muito mais aprendizado aqueles que se permitem passar a sentir o vento da oportunidade soprando em suas vidas, pois absorvem, compartilham, aprendem e crescem.

Este é o princípio que proponho com a Escutatória, sentir a mensagem de forma plena, completa e significativa. Aprender a escutar mais e melhor os sinais dos ventos que lhe darão ritmo na caminhada, no curso, no trajeto da vida.

Assim, está feito o convite!

E, como todo convite, a escolha é sua em aceitá-lo. Deste modo, se escolher parar por aqui e arriar suas velas, desejo que encontre as suas respostas e, quem sabe, um dia compartilhemos os nossos aprendizados. Como já mencionei, aqui não há nenhuma receita mágica ou truques, há frutos colhidos de aprendizados que consegui pelo caminho.

Mas, se escolheu aceitar, receba meu sincero agradecimento e segue aqui um aviso: mantenha sua atenção firme! Pois as mensagens virão, tenho certeza. E virão rápido, basta manter as velas firmes e prontas para o vento da oportunidade! Virão em intensidade diretamente proporcional à sinceridade que colocou em seu desejo, no porto que quer atingir em sua jornada. Quanto mais verdadeiro for, mais mensagens terá para escutar e sentir. Basta praticar a escutatória e aproveitar a viagem.

Preparando-se para a caminhada

Meu desejo é que você descubra nas páginas a seguir pistas para a sua caminhada pessoal.

E, falando nisso, aqui começaremos a organizar o nosso percurso nesta leitura. Elaborei esta obra como se fosse um trajeto, uma jornada, uma caminhada.

Para ilustrar, utilizarei metáforas e símbolos que nos ajudarão a associar e interpretar melhor as mensagens aqui contidas. Assim, dividi o material em etapas, sendo a primeira parte focada em o ajudar a definir seu destino, seu porto...

Nesta parte, você encontrará reflexões e provocações acerca de suas metas pessoais, seus objetivos, desejos e sonhos. Procurei deixar mensagens que instiguem a reflexão. Acreditando que tudo é aprendizado, listei alguns motivos para que você possa pensar e refletir sobre os seus comportamentos, suas atitudes, suas reações diante dos seus sonhos e propósitos.

Na segunda parte, dissecarei a nossa "antena" de captação de sinais. Todos nós temos este mecanismo. Você descobrirá que, se puder conhecer melhor os instrumentos que possui, a caminhada será mais ágil e simples. Muitas vezes erramos o caminho por não sabermos usar nem respeitar os sinais e instrumentos de orientação e navegação. Como ultrapassar os limites de velocidade ou desprezar os avisos de baixo combustível, por exemplo. Esta etapa está repleta de passos para decodificar os "sinais da noção". Já ouviu falar nos "sem noção"? Pois é justamente disso que trataremos, de ajustar melhor a noção dos sinais que devemos aprender a perceber pelo caminho.

A terceira parte foi dedicada à prática, aos passos, ao como fazer. Trata-se de uma coleção de modos de agir que separei em um passo a passo simples e muito útil. Como pano de fundo, teremos sempre o feedback. Termo que emprestamos da língua inglesa para ilustrar "retorno". Aqui, encaro *feedback* não como um método técnico e pragmático, como se fosse uma receita pronta ou um truque mágico que alguns insistem em pregar por aí... Evitando respostas prontas, mas trazendo uma nova forma de prática, os conceitos presentes nesta etapa têm o objetivo de servir como um guia, um mapa, um roteiro prático ao caminhante.

Ao chegar na quarta parte, você terá contato com novas provocações e reflexões da caminhada que tem feito. Separei anotações e aprendizados que tive sobre a forma de agir e decidir, sobre as escolhas. Analisaremos quais referências você tem adotado para suas decisões, quais modelos mentais têm o trazido até aqui e como esses têm afetado os seus resultados. É uma parte destinada a descobrir mais profundamente quem é que está no comando, quem está tomando as suas decisões de verdade.

A quinta parte está organizada em um formato de análise de resultados. Assim, você fará uma checagem das consequências, dos erros e acertos cometidos e do destino alcançado. Como se fosse o final do trajeto, analisaremos o que você está colhendo, o que está obtendo em sua caminhada. Novamente, você encontrará algumas reflexões que têm o objetivo de fixar o aprendizado, o conhecimento obtido com a jornada.

Desta maneira, este livro está organizado como um grande diário de bordo de uma viagem em que nós somos os condutores. Aqui deixei os meus registros, os quais espero que lhes sejam úteis. Fique à vontade para escrever-me e deixar os seus relatos.

Aprendi que, se todos os dias, dermos um passo à frente em direção ao nosso objetivo, logo estaremos diante dele. Pode parecer pouco, mas acredite, neste exato momento há muitos que decidiram ficar parados, sem avançar nada, sedentários, de velas arriadas. Ou seja, ao decidir dar um mero passo adiante por dia, tenho certeza, você já estará à frente de muitos que fizeram outra escolha.

Como já dizia o grande escritor e poeta português José Saramago:

"Não tenhamos pressa, mas não percamos tempo."

Esta sábia frase diz tudo o que precisa ser dito neste momento. Pressa nunca foi sinônimo de agilidade ou flexibilidade. As avós já diziam que "o apressado come cru", isto é, tenhamos serenidade e equilíbrio. Cada um no seu ritmo.

Tenho aprendido que a vida está mais para jogo de tabuleiro do que para pista de corrida. Apesar de que, mesmo para correr, é preciso ter estratégia. Mas, voltando ao tabuleiro, penso que viver é como se jogássemos uma grande partida de xadrez, por exemplo, na qual precisamos aprender a visualizar todo o campo de jogo, saber as regras de movimentação das peças, fazer escolhas das jogadas. Precipitar-se em um movimento pode ter consequências desastrosas no jogo. Às vezes precisamos recuar, mas sempre tendo o objetivo em foco, escolhas conscientes e atentas são melhores parceiras na caminhada.

Assim, se durante a leitura você perceber que há mensagens importantes para você, destaque-as. Marque-as, registre-as de alguma forma, pois pode ser que elas sejam úteis na caminhada. É como se você escolhesse frutos e colocasse em sua mochila durante o caminho.

E se tratando de mochila, recomendo que, de vez em quando, a esvazie compartilhando com os outros o que você coletou pelo caminho. Compartilhe suas mensagens com seus amigos, familiares, colegas, chefes, clientes, ou seja, retribua ajudando outros em sua caminhada. Ofereça-lhes o que você colocou dentro de sua mochila, e lembre-se de que ninguém é obrigado a aceitar, mas basta a intenção genuína de servir ao outro o que é o seu melhor.

Como em toda caminhada, faça pausas para descansar. Um lugar tranquilo e sereno sempre ajuda a recarregar as baterias. Ao parar, reflita sobre o que viu durante o trajeto. As paisagens que conheceu, os sons que ouviu, os aromas que sentiu, os tropeços ou avanços que teve. Pare e reflita, respire fundo e pergunte a si mesmo: "O que o vento da oportunidade está querendo me mostrar com isso?" ou "O que preciso aprender aqui?".

Faça essas pausas sempre que sentir vontade. Lembre-se de que é você quem ditará o ritmo de sua caminhada. Tudo a seu tempo. Colete as respostas pelo caminho.

Em alguns momentos, citarei os contra-exemplos, ou seja, aquilo que aprendi a não fazer quando fui submetido ou observei estes fatos. Apesar de não ser o caminho, foram e são ricas fontes de aprendizado. Mas, novamente digo, fique à vontade para fazer as suas escolhas.

Posso somente garantir que, mesmo parados, escolhemos um caminho, portanto recebemos os resultados que merecemos. Na forja da espada também há crescimento, há evolução do estado da matéria. Pense nisso ao reclamar de alguma dificuldade no caminho.

Assim, respire fundo, lembre-se do que pediu na introdução deste livro, mentalize seu destino, e iniciemos nossa caminhada. Tenho certeza de que teremos muito a aprender juntos nas próximas páginas.

O poder das escolhas

Eu nasci em uma cidade pequena, no interior do estado de São Paulo, chamada Itararé. Somos de uma família simples. Meu pai foi mecânico, formado pela universidade da vida, e minha mãe, costureira, também formada pela mesma instituição, ambos com diplomas de honra ao mérito!

Lembro que minha mãe vez ou outra nos punha a ajudá-la a escolher feijão. Prática comum antigamente, principalmente no interior, onde os produtos eram comprados quase que diretamente do produtor, a granel, e precisavam ser selecionados pelo próprio cliente. Ao contar isso ao meu filho, vi em seu rosto uma expressão de susto, pois nos dias atuais, com a industrialização, tudo já está praticamente pronto para preparo... Ou seja, escolher feijão para ele é coisa do século passado! De certa forma, está correto, porque era mesmo!

Bom, voltando aos feijões: minha mãe limpava a mesa e derrubava sobre ela, na nossa frente, um bom punhado dos grãos que estavam em um saco ou pote. Neste momento, caíam pequenas pedras, galhos, talos de plantas e alguma sujeira... Obviamente estes eram os primeiros itens a serem catados e jogados fora. Em seguida, minha mãe nos mostrava que havia feijões impróprios para o consumo: quebrados, rachados, danificados... Então é que se dá o trabalho mais minucioso, o de escolher feijão!

Ficávamos alguns minutos empurrando com o dedo em uma porção ao lado todos os feijões que não deviam ir para a panela. Era até um tanto divertido, mas confesso que logo me entediava... Assim que a porção toda estava selecionada, minha mãe juntava os rejeitados e os jogava no lixo, e os que separamos com bom estado de aparência, colocava em uma panela com água, para uma última seleção, em que ainda jogava fora os que boiassem... Assim, ela garantia o controle de qualidade do nosso serviço em casa, para que cozinhasse somente os melhores grãos, pois esta era a finalidade do ato de escolher feijão!

A palavra "escolha" surgiu na minha vida como "escolher feijão". Com o passar dos anos, aprendi que

*"A vida é feita de escolhas e,
a cada escolha, há uma renúncia!"*

O aprendizado das escolhas, similar ao de selecionar feijão, está em separar o que se quer do que não se quer. No aceitar uma coisa e rejeitar outra. O fato de escolher pressupõe unicidade de definição. Ou seja, entre isto ou aquilo, ao escolhermos, rejeitamos o outro...

Se escolhemos estudar, renunciamos a passear ou assistir TV, por exemplo. O contrário também é verdadeiro, quem escolhe a novela renuncia ao livro ou ao banco da escola... Viver é escolher.

E o que é mais interessante, como na história que contei sobre como escolher feijão, é que o nosso dedo é o responsável pela escolha. Com um movimento, em geral do dedo indicador, escolhíamos e fazíamos a separação. Da mesma forma, em nossa caminhada, fazemos o mesmo: ao escolhermos uma direção, optamos por uma alternativa, escolhemos e renunciamos à outra ou outras... Nós, e somente nós, somos os únicos responsáveis pelas nossas escolhas.

Sempre ouço lamentações de algumas pessoas em minhas palestras, que preferem reclamar de que não estudaram porque tiveram filhos ou porque não tiveram dinheiro suficiente...

A estes argumentos trago a reflexão das escolhas e das renúncias: ao escolher ter filhos, você renunciou a fazer outras coisas para cuidar deles, seus filhos passaram a ser a sua prioridade naquele momento, e não os estudos. Ou seja, não é culpa dos filhos a sua falta de estudos, mas somente você é o responsável pelas escolhas que fez.

Quando deixamos a postura de espectadores para a de autores de nossa história, passamos a ser responsáveis por nossas escolhas e, assim, escolhemos aprender em vez de lamentar.

Aprendemos que precisamos conhecer bem sobre quais feijões devem ser descartados, qual preço teremos que pagar por nossas escolhas, qual risco deveremos assumir ao optar por um caminho em detrimento do outro... Quanto mais aprendemos, quanto mais enriquecemos nosso baú de conhecimentos, mais nobres e sóbrias passam a ser nossas escolhas.

Com o tempo, a maturidade traz outras formas de encarar o mundo e seus estímulos. Quanto mais emocionais forem nossas escolhas, menos utilizarmos a razão nas decisões, aumentarão nossas chances de decepção. E lembre-se, isso também é uma escolha!

Você pode escolher decidir no impulso ou parar, respirar, contar até dez e tomar uma decisão com a "cabeça fresca". A forma de escolher algo também é uma escolha!

Dentre todos os seres, somos os únicos dotados da capacidade de escolha racional, não precisamos agir pelo instinto somente, podemos escolher.

Partindo deste princípio, ao escolher sem refletir, desprezamos a nossa dádiva de arbítrio, da seleção, da opção, da escolha. Escolher desse modo é como utilizar somente metade do nosso potencial, do nosso poder. É a parte animal da nossa espécie que age, que descarta a virtude da sabedoria.

E, sim, tudo o que temos e o que não temos é produto de nossas escolhas. Mas isso é assunto para outro capítulo, mais adiante...

Por hora, é importante que o conceito de responsabilidade pelas escolhas esteja bem definido. Você pode estar preso e livre ao mesmo tempo!

Um presidiário pode confinar-se em suas mágoas e aumentar ainda mais a sua prisão, ou escolher aprender com o erro cometido, converter-se a outros valores e dar a volta por cima. Muitos são os exemplos já conhecidos com histórias semelhantes...

Enfim, se lembre sempre: quem escolhe?

PARTE I

Encontrando motivos

Qual é a sua obra?

Tenho aprendido que o que move o mundo são as perguntas. Saber perguntar é verdadeiramente uma arte. As explorações, pesquisas, descobertas sempre têm como ponto de partida uma boa pergunta. As perguntas abrem o caminho, pois atuam como vaga-lumes em uma noite escura, voando pela sombra do que se desconhece e aguçando a curiosidade de quem os observa.

Saber perguntar é, sim, uma arte. Através de boas perguntas podemos desvendar mistérios, descobrir novas maneiras de realizar a mesma atividade, novos caminhos para chegar ao mesmo destino...

Sabemos que os animais, mesmo depois de pouco tempo de nascidos, apresentam o dom da curiosidade. Precisam descobrir o que os cerca, como é composto o ambiente em que vivem, quais os perigos e riscos a que estão expostos. Assim, a curiosidade impulsiona a vontade de descobrir o desconhecido e o indivíduo move-se a descobrir: "O que é aquilo?", "Do que é feito isto?", "Por que isto é assim?" etc.

Nossas crianças são da mesma forma. Ao passar de algumas semanas, o bebê começa a descobrir as mãozinhas, os pezinhos, a textura do cobertor, o sabor da chupeta... Está dada a largada para o mundo das descobertas a partir de uma incerteza.

Somos, desde que nascemos, movidos a buscar respostas ao que desconhecemos. Pais encantam-se ao observar seus filhos mexendo nos brinquedos e levando-os à boca. O contato com a boca faz o pequenino ou pequenina reduzir a ansiedade em descobrir o sabor daquilo, pois é a forma que tem de conhecer melhor o mundo...

Acontece que o tempo vai passando e começamos a colocar limites nas descobertas de nossos filhos. A palavra "não" começa a ser utilizada, nem sempre da melhor forma, apresentando ao jovem explorador o mundo das punições. Mundo este que, ao mesmo tempo, pode nos proteger de perigos, criar bloqueios (às vezes irreversíveis) à nossa iniciativa, força de vontade, curiosidade etc.

Bloqueios, filtros e paradigmas serão assunto para outro capítulo, mas é importante que tenhamos este conceito por perto neste capítulo, para construção do raciocínio que proponho.

Conhecer limites é importante?
Claro que sim! Só cuidado com a dose!

Como pai, confesso que quando ouvi esse aviso pela primeira vez, ao refletir descobri o tamanho da responsabilidade que temos com os nossos filhos: saber a dose ideal de limites.

Aprendi que é válido apresentar os limites à nossa cria. Aprendi também que saber como realizar essa apresentação de modo a deixar claro até onde há segurança, sem tolir ou bloquear a criatividade ou curiosidade, isto sim, é um desafio interessante a quem quer se aventurar pela jornada paterna ou materna.

Tenho visto em meu caminho que conforme as pessoas crescem, passam pelas fases da infância, adolescência e iniciam o mundo adulto, são literalmente bombardeadas por bloqueios e limites. Bloqueios estes que, muitas vezes, travam e freiam totalmente a vontade de inovar, de melhorar, de conhecer algo novo, por sentimentos negativos como medo, insegurança, ansiedade, em geral impostos por um adulto desavisado que só impôs inadequadamente os limites.

Para reflexão:

Já parou para pensar em como uma simples corrente consegue segurar um elefante adulto (de circo ou zoológico) que pesa várias toneladas e fazê-lo ficar ali, em pé, sem fugir?

Diz-se que, desde pequenos, estes animais são colocados em cativeiro. E presos a uma corrente. Como não sabem do que se trata, tentam arduamente andar pelo recinto, mesmo com uma de suas patas presas a um grilhão de ferro. No começo puxam, tentam andar, correr, esticar a corrente, mas ela é mais forte do que o elefantinho... O tempo passa, e o elefantinho vai crescendo com as correntes presas e, aos poucos, percebe que não há o que fazer para escapar e reduz as tentativas, até parar por completo. Ao ficar adulto, o elefante já tem peso e força suficientes para romper a corrente, mas cresceu com o bloqueio: "Não adianta tentar, a corrente é mais forte do que eu...", e nem tenta, fica simplesmente parado nos limites impostos pela adversidade que em sua mente é mais forte do que ele.

Veja que, na descrição acima, o mesmo podemos fazer com nossos filhos e filhas, simplesmente impondo correntes fortes e rígidas que, com o passar do tempo, criam feridas que, se não forem tratadas corretamente, produzem adultos travados, bloqueados, paralisados...

Sério isso, não?

Como profissional de gestão, encontro garotos e garotas com talento, mas que optam pela timidez exagerada, pelo calar-se, pelo omitir-se... Ou seja, seres humanos bloqueados que decidiram que a corrente é mais forte. Que já possuem conceitos internos rígidos de que não devem fazer isto ou aquilo. Saber limites é importante e sadio, o problema se apresenta quando não sabemos o que fazer com eles.

> *"Coragem não é ausência de medo. O problema é medo que paralisa."*

Mario Sergio Cortella

Corajoso não é aquele ou aquela que não tem medo. Muito pelo contrário! O perigo está no medo que paralisa, que freia totalmente, que impede de prosseguir, de aprender... Sim, é preciso ter coragem para crescer, desenvolver-se e evoluir. É preciso ter coragem para romper as correntes, escapar dos muros da ansiedade, das grades das críticas, da sombra do medo.

E como sabiamente complementa o professor Cortella:

> *"Aquele que se diz corajoso por não ter medo de nada, na verdade trata-se de um irresponsável."*

É preciso ter coragem para descobrir!

Além disso, como exposto no início deste capítulo, nascemos com capacidade de aprender, de descobrir. Nosso cérebro é programado para isso. Nosso sistema nervoso é formado para receber os estímulos para criar e completar as ligações ou sinapses que diversificam as ramificações de neurônios, aumentando, assim, as possibilidades de aprendizagem.

Já é de conhecimento da ciência que, ao estimular a criação de sinapses, o indivíduo passa a ter novas alternativas de cognição, ou seja, novos caminhos para a solução de problemas. Sendo assim, fazer a mesma coisa sempre do mesmo jeito é agir como o elefante preso na corrente. É definir que só há poucas ou somente aquela alternativa para utilizar.

Desta forma, quero lhe fazer um convite: que tal permitir enveredar-se no mundo das perguntas? Permitir-se descobrir algo novo, diferente...

Neste capítulo, dedicado às perguntas, quero levar a você à reflexão de uma pergunta instigante, tema desta etapa.

O professor Mario Sergio Cortella, reconhecido autor e filósofo brasileiro, escreveu um brilhante livro com o título deste capítulo e propõe reflexões muito importantes e interessantes acerca do que viemos a construir aqui neste planeta ou nesta vida.

Se pararmos para pensar um pouco sobre o assunto, encontraremos questões do tipo: "Será que um criador que concebeu perfeitamente tudo que existe neste mundo, nos colocaria aqui para simplesmente usufruir dele, sem construir nada?". Mesmo se você não acreditar na ideia de um criador, precisa concordar que coexistimos em um mundo que se transforma e que evoluir é um fato desde que "este mundo é mundo"!

Se tudo o que existe, só evolui. Se nossa espécie, desde nossos antepassados até hoje, evoluiu. Se o ambiente evoluiu. Se os demais habitantes deste planeta, cada um em suas devidas proporções e velocidades, evoluíram... Então, em um raciocínio simples, posso afirmar que:

Gastamos muito mais energia escolhendo não evoluir do que acompanhando o curso da história, de evolução constante.

Ou seja, evoluir faz parte da existência!

Mas, como já disse no capítulo anterior, são escolhas. Você tem o direito de escolher ficar parado ou mover-se. Tem o direito de escolher agir ou conformar-se. Tem o direito de escolher guiar ou ser guiado. Mas tem o dever de colher o que planta. Ninguém escapa desta máxima!

Tendo toda esta reflexão como pano de fundo para nosso capítulo, novamente pergunto: Qual é a sua obra? Algum dia já parou para pensar nisso? Pois deveria. Se ainda não, farei aqui algumas perguntas que, espero, possam despertar aquela curiosidade que um dia sempre o ajudou a descobrir o mundo.

O que o move? O que o impulsiona a continuar tentando, vivendo? Em meu caminho, esbarrei em pessoas que escolheram acumular bens e coisas. Pessoas que concentraram sua obra no material, no físico, no palpável. Conheci algumas que optaram por buscar o equilíbrio no agir, em descobrir o sentido dos valores, das crenças. Cada um, na sua escolha, está certo! Pois escolheu, decidiu.

O que você escolheu?

Será que escolheu possuir? Será que escolheu aprender? Será que escolheu parar? Ou escolheu prosseguir? Independente de qualquer que seja a escolha feita, ela é sua!

É triste ouvir pessoas que, com postura de vítima, dizem que não estudaram porque seus filhos não deixaram ou que não fizeram algo porque o marido ou a esposa impediu. Por favor, seja responsável pelas suas escolhas!

Mesmo se ainda não escolheu nada, mesmo assim, já escolheu ficar sem alternativa. Sem movimento. Portanto, novamente, você, e somente você, é responsável por suas escolhas, até pela falta delas!

Por que você está aqui? Por que você veio para este mundo? Quais os seus motivos?

Sou um crítico mordaz de cursos ou palestras de motivação. Pois ninguém motiva ninguém! Motivação é atitude, vem de dentro, vem da intenção do indivíduo. O que podemos fazer é apontar motivos, aí sim decide-se entre seguir ou parar. Por este motivo, repudio pseudopalestrantes que ministram cursos de motivação. Fuja deles! É charlatanismo puro, guiando pessoas como gado, em eventos caricatos, cheio de respostas prontas e raso em reflexões.

Acredito que a pergunta-título deste capítulo é uma pergunta rompedora. Um questionamento que muitos evitam, mas que gostariam de fazer. Sendo assim, é de fundamental importância que, ao continuar a leitura deste livro, você já tenha alguma tentativa de resposta.

Aliás, você é a única pessoa interessada na resposta. Ou, pelo menos, penso que deveria interessar-se nela. Deveria estar no comando de suas escolhas, na definição do caminho que está percorrendo nesta vida. Na obra que está construindo...

Gosto da metáfora da obra, pois remete a algo como um legado, como uma utilidade aos que virão pelo mesmo caminho no futuro.

Há uma antiga e conhecida parábola em que uma pessoa encontra um operário no caminho e, ao perceber que este manuseava suas ferramentas e materiais de forma agressiva, rude, bruta, pergunta: "Por favor, o que está fazendo?", o operário rudemente responde: "Não está vendo?

Estou quebrando pedras!" Ao continuar sua caminhada, a pessoa encontra outro operário, este agora cantarolando, apanhando suas ferramentas e materiais com cuidado e atenção, em um clima muito diferente e mais amistoso que o anterior, e faz a mesma pergunta. Este operário, feliz e animado, responde: "Ah, eu estou construindo uma catedral".

Agora pergunto: o que você está construindo? Será que está vivendo como o operário que quebra pedras ou está construindo sua catedral?

Imagino que ambos os operários deviam estar empunhando ferramentas semelhantes, segurando as mesmas pedras e materiais, contudo, a atitude de cada um era totalmente diferente. Um só vê a tarefa a ser feita, quebrar pedras. O outro consegue visualizar a catedral, mesmo ela ainda não estando pronta.

O que você está fazendo? Será que está valorizando somente suas tarefas diárias, as pedras que tem a quebrar pelo caminho? Aqui vale ressaltar que todos temos pedras a retirar ou romper pelo caminho. Isso não é uma condenação sua. A diferença está em como agimos diante disso.

Será que você quebra pedras ou constrói uma catedral? Como é que está agindo neste momento? Será que se pega reclamando do emprego, dos filhos, da falta de dinheiro, dos colegas, dos vizinhos? Será que realmente você é uma vítima do mundo? Será que precisa que as pessoas tenham pena de você?

Pare e reflita sobre isso. Se tudo pode ser uma questão de escolha, poderíamos seguir o raciocínio e fundamentar que você pode escolher estar e ser diferente. Basta decidir em qual lado quer ficar. Não se trata de certo ou errado, mas de estar consciente da escolha que fez. Ninguém está condenado a ser o que é. Ninguém é encarcerado dentro de si por decisão alheia. Acredite: você irá conviver consigo até o final dos seus dias!

Ora, se é fato que cada um de nós é companheiro inseparável de si mesmo nesta jornada, nada mais justo gostar do que é ou do que faz. Aqui, parafraseio outro grande pensador que tive o prazer de conhecer, o professor Clóvis de Barros Filho. Doutor, exímio palestrante e escritor, a quem também agradeço e dedico este capítulo, pois sabe como poucos inspirar pessoas rumo à felicidade.

Assim, novamente pergunto:

Qual é a sua obra?

O que você está construindo? Qual o legado que ficará para a humanidade? O que poderá colher das sementes que está plantando? Será que os frutos de sua semeadura alimentarão a muitos? Será que seus passos são dignos de serem seguidos? Será que conviver com você é algo prazeroso e que merece ser repetido? Será que estar ao seu lado é uma experiência que vale a pena ser vivida?

Deixo essas inquietações como um exercício. E fecho este capítulo com mais uma provocação:

Plantar é opcional, mas colher é obrigatório!

Agora pare, respire e analise os resultados que tem colhido em sua caminhada. Somente, após isso, passe para a próxima página.

Qual o seu destino?

Antes de iniciar a jornada, é importante termos o destino devidamente decidido.

Neste momento, gostaria de conduzir-lhe em uma reflexão acerca do objetivo, do destino, da meta a ser perseguida. Na literatura existente sobre planejamento estratégico, é comum a pergunta:

"Quais são os objetivos para os próximos dez ou vinte anos?"

Você pode usar essa questão como referência, sem problemas. Desde que consiga eleger os elementos necessários para a caminhada. Mas antes, preciso alertá-lo:

"Cuidado com o que pede!"

Sim, nem sempre sabemos pedir o que realmente queremos. Em geral, aplicamos o método inverso, repetimos o que não queremos, como:

"Não quero mais este tipo de emprego."

"Não aguento mais este peso."

"Não quero mais viver assim."

E o que acontece? Em geral, você continua com aquilo que não queria por perto... Mas qual a razão disso? Quanto mais você focar em dizer o que não quer, quanto mais você der força para a falta, mais a atrairá para perto de você.

O mesmo princípio utilizaremos aqui para definir o destino que deseja. Essa definição não é somente uma carta de trajeto ou plano de voo. É uma escolha! E, portanto, traz consigo as consequências na bagagem.

"É preciso saber pedir.
Comece a pedir o que você quer e
pare de pedir o que você não quer."

Em primeiro lugar, vamos refletir sobre a energia da intenção deliberada. Da mesma forma como as artes marciais, precisamos aprender a usar a força do oponente a nosso favor. Aquele que consegue direcionar esta força terá grande possibilidade de êxito. Tudo é uma questão de apontar o vetor da energia em direção ao que realmente queremos.

O mais interessante disso tudo é que temos este mecanismo já instalado em nosso "software" emocional e espiritual. O que ocorre é que ficamos tão distraídos com as racionalidades do mundo, que acabamos deixando de lado nosso "sensor" de direção.

Sabe aquelas vezes em que você tinha certeza de que não deveria ter feito algo, acabou fazendo e se deu mal? Pois é, era o seu sensor ligado tentando avisá-lo... Ou aquele momento da vida em que você sentia que devia tentar, tentou e deu certo... Da mesma forma, foi o sensor indicando a direção correta.

Nosso sensor de intenção deliberada é programado para nos dar sempre o melhor, sempre nos colocar em direção do bem, da proteção, da paz. Por este motivo, ficamos com aquela sensação no peito indicando que algo está errado ou que é aquilo que devemos fazer...

"Só se enxerga bem com o coração.
O essencial é invisível aos olhos."

(Antoine de Saint-Exupéry, *O pequeno príncipe*)

Então, que tal enxergarmos com o coração o seu destino?

Eis um exercício bem simples que gostaria que você fizesse. É muito fácil e rápido, leva apenas alguns minutos.

Para isso, utilizaremos seu *curriculum vitae* como matéria-prima. Este documento será a nossa referência inicial. Pegue uma cópia mais atualizada, se possível impressa, do seu currículo. Se você ainda não tem este documento pronto, já lhe darei seu primeiro feedback neste livro, pois deveria tê-lo sempre em mãos. Ele é o descritivo de seu produto mais importante: você!

E aqui vale falarmos um pouco sobre o currículo. Sobre como as pessoas perdem oportunidades, perdem bons ventos para a carreira, pelo fato de maltratarem esse importante documento.

Muito se fala sobre o que deve ou não estar escrito no currículo. Há quem fale sobre o número máximo e mínimo de páginas, ou sobre a menção de documentos, cursos etc. Como profissional que trabalha há algum tempo com equipes, lideranças, empresas e consultores, tenho visto que um bom currículo deve:

- Ser verdadeiro, atualizado, claro e objetivo;
- Ter sido feito para a vaga ou empresa a qual esteja pleiteando.

Por verdadeiro, creio que não preciso dar muitos detalhes do porquê desta recomendação. Mentir em um currículo é sentença capital a qualquer candidato. É algo como "propaganda enganosa" e ninguém gosta de ser lesado quando contrata alguém, certo?

Atualizado, pois currículo sem data é carta ao vento. Como é que poderemos saber se a sua experiência tem bases de tempo? Como poderemos ter noção de tempo e espaço entre as informações descritas e os dias atuais? Surgem novas tecnologias, métodos e técnicas e a data no final do currículo age como um referencial que indica que tudo que estiver escrito antes daquela data, o candidato possui em sua caixa de ferramentas de experiências e conhecimentos.

Como "claro e objetivo" posso citar que, quanto mais prolixo e cheio de pormenores for o currículo, menores serão as chances de ser lido por completo. Não por preguiça dos entrevistadores, mas por falta de tempo mesmo. Em geral, um profissional de triagem de currículos tem cerca de sessenta segundos para separar alguns, depois escolher para qual candidato ligar e conversar, ou seja, se o currículo falar demais, por mais que seja recheado de qualificações, corre o risco de ficar de lado ou por último na fila.

Sobre ter sito feito para a vaga ou empresa a qual esteja pleiteando, posso dizer aqui que é uma boa demonstração de respeito que um candidato pode ter. Há pessoas que nem se dão ao trabalho e fazem cópias do mesmo currículo. Eu mesmo já recebi essas cópias horríveis, apagadas e tortas. Advinha qual o destino deste pobre pedaço de papel? Lamentável alguém desejar trabalhar naquela empresa e nem se dar ao trabalho de pesquisar sobre a vaga ou a instituição, citando a área de interesse ou os itens que a empresa está procurando...

Veja que é uma oportunidade desperdiçada tratar o currículo sem o devido respeito.

Bem, agora, considerando que você possui o seu currículo atualizado em mãos, vamos ao exercício:

Primeiro passo:

Vá até o campo em que está impressa a data do seu currículo (em geral, o final da última página) e lá mude o ano para daqui a 5 ou 10 anos. Mas escolha um prazo por vez, somente.

Segundo passo:

Agora, leia novamente todo o seu currículo: formação acadêmica, experiência profissional, idiomas, cursos etc.

Terceiro passo:

Anote em cada campo o que você deseja, do fundo do seu coração, que esteja impresso no seu currículo, quando estiver na data que acabou de anotar (cinco ou dez anos depois). Use o seu sensor de intenção e escreva o que fizer você se sentir mais confortável.

Talvez seja já ter terminado aquele curso de mestrado ou doutorado. Quem sabe ter tido uma experiência no exterior, em outra cultura. Pode ser aquele curso que você sonha ter participado, mas que até agora não teve grana suficiente... Anote também o nome da empresa ou do cargo que você deseja ter tido ou estado neste período.

Use a sua imaginação e escreva o currículo que quer ter daqui a cinco ou dez anos, conforme foi sua escolha de data.

Quarto passo:

Inclua informações pessoais no seu currículo do futuro, como se já deveria estar casado ou casada, se já teria filhos até lá, se moraria em casa própria etc. Registre o seu desejo como se ele já existisse, como se fosse algo que você quisesse contar a alguém.

Quinto passo:

Leia atentamente e em voz alta todo o conteúdo do seu currículo do futuro. Ao concluir, como se sentiu? Se ficou feliz, sentiu-se bem, excelente, siga para o passo seguinte. Mas se ainda quiser, pode incluir, alterar à vontade. Este é o momento.

Passo final:

Cole este currículo na porta do seu guarda-roupa ou, de preferência, em local visível, talvez no espelho que usa para se trocar todos os dias. Este currículo será o seu mapa do tesouro, o seu referencial. O objetivo é que todos os dias você possa olhar para ele e dar de cara com os compromissos que um dia escolheu desejar e assumir para você.

Logo perceberá que algumas mudanças começarão a acontecer. Pois, se desejou, do fundo do seu coração, se criou uma intenção deliberada em direção do que você quer, já deu o primeiro importante e grande passo rumo ao seu destino, ao seu objetivo.

Assim, os ventos da oportunidade serão os que **você** precisa para seguir rumo ao seu destino. Eles virão para você, para o seu objetivo.

Fazer esse exercício é ação primordial para continuar lendo este livro. Pois tudo a seguir conecta-se a isso. Viver sem destino é como um barco à deriva, uma folha solta ao vento...

"Para quem não sabe aonde vai, qualquer caminho serve."

Lewis Carroll

Dedique uns minutos a esse exercício. Tenho certeza de que mal algum lhe fará simplesmente sonhar com o bem que gostaria de ter ou ser. Que mal há em fazer o bem? Em pensar positivo? Em acreditar que é possível?

Mas você pode também continuar onde está, e lembre-se:

"Isso é uma escolha. E a cada escolha, há uma renúncia!"

O caminho

Se você chegou a este capítulo, imagino que tenha feito o exercício do seu currículo do futuro. Sabe o que é o vento da oportunidade e que ele é a energia que o levará até o seu destino.

Pode parecer coisa de maluco. No começo será estranho ver aquela folha de papel colada no espelho do seu guarda-roupa. Pode até ser que ela incomode um pouco. Mas, com o tempo, sabe o que acontecerá?

Ela irá desafiá-lo, instigá-lo a ser melhor, a perseguir seus objetivos.

Será o seu porquê da sua situação atual. Será o motivo pelo qual você está fazendo o que precisa ser feito agora. Para que no futuro você esteja em outra condição, naquela que foi deliberada por você.

E é impressionante como isso funciona!

Fique à vontade para modificá-la com o passar do tempo. Conheço pessoas que incluíram fotos de lugares que querem conhecer, bens que desejam possuir, destacaram itens com cores diferentes... Tudo vai da sua criatividade e carinho com a sua intenção deliberada.

"Tudo vale a pena se a alma não é pequena."

Fernando Pessoa

Mas quero dedicar este capítulo ao "caminho".

A sabedoria oriental define "caminho" como o espaço de tempo compreendido entre o nascer e o morrer. Ou seja, aquilo que registramos nesta existência. Se usarmos esta metáfora, podemos definir "caminho" como a vida.

E o que vivemos senão aquilo que experimentamos, aquilo que provamos, testamos, aprendemos, compartilhamos?

Caminhar significa viver para aprender e evoluir. Para sermos melhores. Assim, o caminho passa a ter notável importância, pois tudo nele é aprendizado!

Tudo que encontramos no caminho é necessário para aprendermos e evoluirmos, para chegarmos diferentes na linha de chegada desta caminhada. Para que tenhamos um legado a ser seguido, algo que torne a caminhada dos outros mais leve e feliz. E, como não há uma receita pronta, pois ninguém sabe quando é que a caminhada acaba exatamente, o que nos resta é caminhar.

"O dia de amanhã, ou a outra vida,
ninguém sabe qual chega primeiro."

ditado budista

Assim, honrar o caminho e os aprendizados nele contidos pode ser uma boa dica para tornar nossa jornada mais leve e proveitosa. Todos os dias temos uma nova chance de escrever um novo final, basta sentir a energia vinda do caminho e seguir adiante.

Aprendi que ficar atento ao caminho pode ser uma boa estratégia para aprender mais rapidamente.

"Olhai os lírios do campo."

Jesus de Nazaré

Perceber o que realmente está sendo dito ou escrito ou o que precisa ser visto. Eis aí uma habilidade importante a ser desenvolvida.

O poder das palavras

Acredito muito no poder das palavras e ouvi certo dia uma frase muito sábia do mestre de Kenjutsu (arte marcial japonesa, baseada na espada samurai), Jorge Kishikawa, que me atrevo a tentar repetir aqui:

"As folhas secas são as primeiras a serem varridas pelo primeiro vento frio que passar."

Esta frase é tão poderosa e certeira que mostra detalhes e mensagens muito importantes sobre nossas atitudes e o modo de encararmos nossos desafios.

Tomei este sábio ensinamento como um lema para meu caminho e, sempre que alguma dificuldade aparece na minha frente, logo penso: *"Eu não sou folha seca!"*

As folhas secas (ou folhas mortas) simbolizam a falta de energia, de vida, de vontade... Folhas secas representam a desistência dos propósitos ou ausência deles.

Facilmente encontramos pessoas agindo como folhas secas: se muda o tempo (chuva ou muito sol), logo desistem dos exercícios físicos; se aumenta o nível de dificuldade em um trabalho, começam a reclamar e deixar para depois a solução; basta os recursos serem reduzidos que arrumam desculpas para não entregar o resultado...

Quantos livros deixaram de ser lidos no meio da leitura? Quantas dietas alimentares foram abandonadas com a primeira tentação? Quantas pessoas desistiram da caminhada, só porque o tempo estava nublado ou porque o travesseiro foi mais convincente? Quantas começaram a aprender a tocar um instrumento, mas desistiram?

Percebo que vivemos cercados de folhas secas!

Acredito que agir como folha seca ou verde é uma questão de escolha. A todos nós é oferecida a oportunidade de escolher entre agir como folha seca, desistindo logo nas dificuldades do ambiente, ou como as folhas verdes, que se agarram no propósito, no sentido do que acreditam.

Os ventos frios nos testam diariamente, desafiando nossa capacidade de manter firme nossa decisão de seguir em frente com o que deve ser feito. A força da nossa energia interior é a que nos mantém presos ao núcleo de nossas promessas, de nossos propósitos.

Então, pare de achar desculpas e foque no seu objetivo! Se quer melhorar seu peso, já sabe o que fazer, faça! Se quer passar naquele concurso, já sabe o que fazer, faça!

Agarre-se nos seus propósitos e seja folha madura, verde, cheia de energia, que não se abala quando desafiada!

Lembre-se de que o vento continuará soprando, que a chuva continuará caindo, o sol continuará queimando, que o cansaço continuará lhe tentando, que a vontade de comer de tudo continuará se apresentando...

Mas o valor de seu propósito é proporcional à sua resistência, persistência e vontade!

Por este motivo, mesmo muitas vezes cansado, com frio, triste, dolorido, lembro-me de meu mestre e repito para mim mesmo *"não sou folha seca!"*, e tenho conseguido bons resultados para meu espírito.

Creio que a vitória tem melhor valor quando o teste foi relevante. Se é fácil, esquecemos fácil.

Doumo arigatou gozaimashita (muito obrigado), *Kishikawa Sensei* (pelo aprendizado)!

Para fechar, pergunto:

"Você é folha seca?"

Reflexões sobre como prever o futuro

"Muito se fala sobre prever o futuro. Há alunos que treinam e há os que não treinam. Assim fica fácil prever o que vai acontecer."

Kishikawa Sensei

Ao analisarmos essa citação, podemos encontrar muitos ensinamentos e reflexões acerca de nossa vida pessoal e profissional.

Há um interesse das pessoas pelo futuro: aspirações de final de ano, pedidos diante do bolo de aniversário, preces no templo, planos estratégicos no trabalho, análises de dados... mas pouco disso adianta se nossa real intenção não vier acompanhada de verdadeira ação.

É comum ouvirmos muito mais sobre desculpas do que sobre feitos, realizações. Tenho encontrado no caminho muitas pessoas que esperam por realizações instantâneas, por conquistas que venham fácil, sem muito esforço ou atenção. Esquecem-se que não aprenderam a andar em um só dia e que o aprendizado é um contínuo esforço do corpo, da mente, do espírito...

Nas empresas, vemos gestores imaturos que querem mudanças na equipe, mas que oferecem pouca compaixão ou respeito com o tempo de cada um. Chefes que agem como crianças mimadas, acreditando que são perfeitos e que somente a equipe precisa mudar. Pouco treinam a sua habilidade de comunicação, de influência pessoal para ajudar a moldar sua equipe, para engajar seu time aos resultados necessários e esperados pela organização.

"*Há alunos que treinam e há os que não treinam*", concordo plenamente que assim fica fácil prever o futuro!

Os que se preparam, que agem para a mudança necessária, os que focam e perseguem o objetivo até o fim, fatalmente virão ladeados da sorte. E ainda há quem pense que as conquistas daqueles que treinam, que estudam, são obra do acaso. Ledo engano!

Aos que não treinam, resta-lhes assistir a vitória dos que se prepararam e, é claro, arranjar novas desculpas por não ter conseguido novamente aprender algo novo, atingir a meta, conquistar o objetivo. E o círculo se reinicia, perdem tempo buscando culpados, criando desculpas e distanciam-se ainda mais de seus objetivos. Pensam que, quem sabe, o gênio da lâmpada um dia apareça e realize seus desejos!

Entenda treino como tudo o que pode lhe levar rumo ao seu objetivo: aprender um novo idioma, concluir sua faculdade, fazer a tarefa do dia, melhorar sua condição física ou emocional etc.

Sendo assim, prefiro o treino, o estudo, o aprimoramento constante. Sei que muitas vezes cansa, dói, machuca, marca, mas como diz o treinador Nuno Cobra: "*É preciso chegar ao cérebro pelo músculo e ao espírito pelo corpo*".

Pare de dar desculpas e mova-se! Comece a agir para também poder prever o seu futuro. Contudo, se mesmo assim ainda escolher ficar sem treinar, então pare de reclamar do salário!

Você já agradeceu hoje?

Espero que tenha respondido prontamente esta simples pergunta com um sonoro "sim"!

Pois, por mais simples que pareça, nem todos os que estão ao nosso redor conseguem.

Vivemos em uma sociedade que apela para o consumo, na qual o "ter" é mais destacado que o "ser", onde, a todo momento, somos submetidos a pressões, resultados e desempenho cada dia maiores.

Por esses e outros tantos motivos, creio que agradecer tem sido tão difícil e trabalhoso. Filhos tratam pais como fornecedores, pais submetem-se aos filhos, chefes contratam pessoas como peças de uma máquina que podem ser substituídas a qualquer momento...

Assim, novamente pergunto: você já agradeceu hoje?

A gratidão coloca a sua energia em direção do outro. Pessoas orientadas pela gratidão sempre são repletas e completas. Você percebe facilmente a maturidade de uma pessoa se ela agradece muito mais do que pede.

A gratidão solidifica as bases dos relacionamentos: filhos gratos honram os esforços e a história de vida de seus pais; cônjuges gratos mutuamente elevam a harmonia de seus lares; chefes gratos oferecem brilho às suas equipes; equipes gratas ensinam e afagam corações de chefes, e mesmo os mais autoritários ou manipuladores se rendem.

Na bela obra *O maior milagre do mundo*, de Og Mandino, encontrei uma reflexão para finalizar este capítulo:

"Conte suas bênçãos!"

Og Mandino

O poder dentro de cada um...

Neste capítulo, vou compartilhar uma definição bastante interessante e que pode ajudar a inspirar suas equipes e ações. Você conhece o significado da palavra "**entusiasmo**"?

Antes que você procure no *Google* ou em outra fonte de pesquisa, deixe-me contar uma breve história:

"Entusiasmo" vem do grego, *enthousiasmós*, em que *Théos* significa "Deus".

Na Grécia antiga, existia um local chamado *Oráculo de Delfos*, situado no monte Parnaso, onde viviam videntes chamadas de pitonisa. Como eram politeístas, ou seja, acreditavam em vários deuses, essas videntes teriam o poder de receber a energia e mensagens dos deuses quando os invocavam.

Conta a história que comandantes militares, antes de saírem com suas tropas a alguma batalha, iam até o *Oráculo de Delfos* e solicitavam à uma das videntes que recebesse energia dos deuses e transmitisse a todos os seus soldados.

Assim, a tropa ficaria "entusiasmada", ou seja, receberia a energia dos deuses, ficando "entusiasmados", iam muito mais confiantes e motivados às fileiras dos combates.

Usando este conceito, podemos dizer que a palavra "entusiasmado" pode ser traduzida como:

"Aquele que tem Deus dentro de si."

Mesmo se você não acredita em Deus, esse significado pode trazer um sinal bem intenso de que há, sim, uma energia vital que, dentro do indivíduo, de alguma forma, o fortalece e o inspira na caminhada.

Atrevo-me a dizer que o entusiasmado acredita muito mais nele, menos na concorrência, muito mais em suas forças e competências, menos em seus competidores, pois sabe que existe algo ou alguém muito poderoso que o protege, que o ampara, que o ajuda...

O entusiasmado "transborda" energia positiva por onde passa, consegue mudar o ambiente para o bem, coloca as pessoas em um patamar muito superior de onde as encontrou, porque sabe que consegue, acredita, confia em si próprio.

Peço que reflita:

Quanto você tem agido de forma entusiasmada ultimamente?

Será que sua equipe percebe o seu entusiasmo?

Será que o seguem porque acreditam na sua luz?

O que você tem sido para sua equipe? Uma liderança entusiasmada, apaixonada por criar obras? Que legado pretende deixar? Qual marca sua será lembrada?

Pense nisso!

Gostar de gente...

A cada dia, vemos no mundo corporativo algumas pérolas que são ricas fontes de aprendizado. Certa vez ouvi de um consultor que existem os "gentófilos" e os "coisófilos".

Os gentófilos, como o nome sugere, são os que gostam de gente! São aqueles que divertem-se convivendo com todos, buscam respostas, ouvem e são atentos aos movimentos sociais. Agem de forma a valorizar o capital humano, tendo nas pessoas seus principais subsídios de trabalho e resultado.

Minha mãe é uma típica "gentófila". Nunca passou pelos bancos de uma faculdade, mas domina como poucos a arte de se relacionar com as pessoas. Ela é do tipo que se interessa por saber quem é a pessoa com quem está conversando. Sempre sorrindo, rapidamente consegue estabelecer um papo agradável e fácil. Lembro, na minha infância, quando ia acompanhá-la ao supermercado, que em cada corredor tínhamos que parar alguns minutos, pois ela sempre encontrava alguém conhecido que a saudava e vinha a seu encontro. Confesso que muitas vezes fiquei irritado com aquelas paradas, mas hoje vejo que foram altamente valiosas. Pude ter aulas na prática com uma genuína "gentófila".

Gentófilos interessam-se por gente e ponto! E esta habilidade os faz ter quilômetros de vantagem quando o assunto é conquistar influência para decisões. Característica que se torna fundamental para qualquer postulante à categoria de liderança em qualquer modelo de negócio.

Aos coisófilos, o apego pelas "coisas" passa a ser o mais importante. Vivem buscando coisas ao seu redor: máquinas, equipamentos, processos, procedimentos, recursos, aliás, me recuso a usar o termo recursos humanos, pois a expressão remete a ter pessoas como recurso, como coisa. Recurso para mim é uma mesa, computador, carro, dinheiro... Pessoas devem estar em outro diretório.

Há de se registrar também que essas pessoas têm, sim, a sua importância, pois precisamos das coisas em funcionamento para que tenhamos produtividade, eficiência, resultados. O dano está quando o interesse principal passa a ser nas coisas e não nas pessoas.

"Hoje nossa equipe está bem formada. No passado, tivemos que trocar algumas peças para termos uma máquina mais preparada."

Esse seria o típico discurso de "gestor coisófilo". Veja que ele considera gente como peça de uma máquina! Você acredita que há clima de amizade e engajamento em uma equipe chefiada por uma pessoa que discursa assim?

Dificilmente teria.

O que observo em uma boa parte das corporações é um grande exército de coisófilos, alguns até travestindo-se de gentófilos, com alguns discursos ensaiados, mas que na prática acabam caindo por terra.

Quem não se lembra de ter visto algum gestor dizendo que o mais importante para ele são as pessoas e que, tempos depois, utiliza do desrespeito como um de seus expedientes? Ou mesmo daquele chefe que prefere mandar um e-mail a levantar-se e conversar com sua equipe, mesmo dentro da própria área de trabalho.

Um verdadeiro líder sabe se comunicar e utiliza isso com franqueza, respeito e atenção. Dá e recebe feedback, ouve e estimula o desenvolvimento. Viver a liderança é transpirar esta prática.

Liderança, afinal, é a prática de valores morais. Valores estes que não devem ser vendidos por uma troca de posição hierárquica. Valor, ou você acredita, ou nada importa.

Pense no quanto você tem sido gentófilo ou coisófilo. Pense se você realmente pratica o que prega. Se realmente age conforme fala. Discurso e prática como sua identidade e; escolha!

Precisamos de mais gentófilos de verdade, de líderes que importem-se com a liderança e não somente com a posição no organograma. Precisamos construir uma sociedade mais justa, pois espaço para todos sermos felizes juntos, sempre há.

Seja você!

Tive a oportunidade de trabalhar ao lado de uma pessoa muito querida. SER HUMANO com letras maiúsculas mesmo, assim este executivo merece ser chamado. Ele consegue colocar um sonho no coração de todos que passam a segui-lo.

Aprendi muito convivendo com essa pessoa. Aprendi técnicas de desenvolvimento humano que com certeza propagarei por onde quer que eu passe. Foi para mim, sem dúvida, um grande orientador profissional. Certa vez, ouvi uma mensagem dele que passou a ser minha bandeira pessoal: "Seja você!"

Este querido mestre chama-se Marcos Cominato, um dos maiores e melhores executivos do país da área de desenvolvimento humano e organizacional, do qual fui presenteado com a convivência e a quem dedico este capítulo de meu trabalho.

Quando ouvi isso dele, voltei para casa e fiquei pensando: meu chefe podia ter pedido qualquer coisa, podia ter pedido atenção, foco, mais trabalho, menos desperdício... coisas de chefe! Mas não. Ele me pediu: "Seja você".

Desde então, não consigo fazer algo que não acredito, e ser autêntico, para mim, é essencial.

Penso que devemos agir e ter esperança, acreditar que podemos fazer melhor. E, se através do feedback poderemos nos ajudar mutuamente para sermos melhores, então talvez este seja um caminho a seguir.

PARTE II

O sistema de navegação da "Escutatória"

Sobre mecanismos e instrumentos de navegação

O azimute

Até aqui já refletimos acerca da oportunidade, das escolhas, dos motivos que nos movem e que nos energizam.

Nesta etapa, concentraremos nossa análise nos instrumentos e captadores de sinais para a caminhada. Para seguirmos nossa jornada, precisamos calibrar os instrumentos, atualizar os mapas sobre o terreno e conferir as condições do ambiente para termos mais assertividade no avanço.

Lembra da meta de dar um passo à frente todos os dias? Então, agora acrescentaremos a ela o ingrediente da direção, do rumo, do foco.

Quando estive servindo no exército lembro-me de que tivemos uma instrução sobre o azimute, que representa a direção definida de um ângulo a um ponto de origem. Nesta instrução, fizemos um grande exercício em campo aberto, onde fomos divididos em pequenas equipes, todas com o mesmo objetivo, de chegar ao destino indicado pelo instrutor.

Cada equipe recebeu uma bússola e uma folha com várias instruções sobre o trajeto. Nesta carta de instruções, estavam anotadas as coordenadas e a distância entre cada um dos pontos por onde deveríamos passar. Assim que atingíssemos cada um dos pontos marcados, receberíamos uma marcação em nossa folha e a consequente autorização para procurarmos o ponto seguinte, até concluírmos o exercício e todas as suas etapas.

Percorremos centenas de metros entre um ponto e outro, debaixo de um sol escaldante do verão paulista. Vale lembrar que carregávamos o peso do fardamento, o armamento e a mochila nas costas.

Cada equipe teve que dividir funções, tendo um líder, um "homem-bússola", um "homem-passo" e os demais integrantes. Ao líder cabia tomar as decisões, ficar com a carta de instruções nas mãos e garantir a chegada de todos da equipe no destino. O segundo era o responsável por cuidar e observar a direção apontada na bússola. A este era dada a missão de identificar qual a direção correta conforme o que fosse observado na ferramenta de localização. Esta informação era passada ao líder e este, se concordasse, indicava a todos por onde seguir. O terceiro ficava com a missão de ser a referência em passos até o ponto desejado. Deveria saber como converter seus passos em metros, a fim de percorrem a distância indicada na carta.

Lembro-me de que, na minha equipe, fiquei como homem-passo. Quando recebia a indicação do líder em qual sentido devia começar a andar e contar meus passos, iniciava a minha caminhada. No começo do exercício, os pontos de encontro estavam até fáceis de encontrar. Eram marcações com pequenas bandeirinhas coloridas escondidas entre as árvores, os barrancos etc.

Conforme o dia foi passando, o sol castigando e o cansaço aparecendo, surgiu o primeiro problema: ao finalizar minhas passadas, não encontramos mais a buscada bandeirinha. O líder pôs todos da equipe a procurar em volta, olhando todos os buracos, arbustos, elevações, mas nada... O tempo passava, e ficávamos cada vez mais irritados e ansiosos. Eis que um dos integrantes levantou a hipótese de termos ido em direção errada. No começo houve até um princípio de desentendimento, pois a suposição colocou em dúvida o trabalho do homem-bússola. Sorte que a vontade de acertar foi maior que o ego do líder e este percebeu que realmente estávamos na direção errada.

Sim, nosso colega havia buscado o Leste ao invés de Oeste. Tivemos que caminhar em dobro, ou seja, voltando tudo o que havíamos andado e percorrer a distância correta. E isso aconteceu outras vezes, com todas as equipes do exercício.

Só para você ter uma ideia, o exercício deve ter começado na metade da manhã e terminado lá pelas 20 horas, aproximadamente, pois só acabou quando todas as equipes chegaram até o destino. Lembro-me de que já estava escuro quando paramos para comer e não pense que havia um jantar nos esperando, mas sim tivemos que ainda preparar uma breve refeição. Foi, sem dúvida, uma experiência inesquecível para mim e para meus colegas de armas. Sinto saudades daquele tempo...

Aquele dia ficou marcado como o dia do azimute.

Tanto aprendizado em um exercício que hoje trago para minha vida corporativa, acadêmica, social, familiar. Muitas mensagens podemos extrair da prática do azimute.

Perceba que tudo o que foi dito até aqui ilustra a importância de saber usar os instrumentos que você possui para a caminhada. Sim, todos temos instrumentos já ligados conosco e que, se bem interpretados, podem nos ajudar – e muito – em nosso rumo.

Neste caso, os cinco sentidos têm papel fundamental. Através deles é que nosso cérebro se orienta. Isso é tão verdadeiro que, em casos de perda de um deles, imediatamente o organismo passa a estimular outro para que possa apoiar melhor as decisões de orientação.

Veja o caso de cegos que utilizam a audição e o tato para descobrir o caminho a seguir, por exemplo. Tantos outros casos de pessoas que conseguem realizar atividades que nos parecem impossíveis, mas que são feitas a partir da adaptação a outro sentido.

Sendo assim, acredito que devemos aprender a usar os nossos instrumentos de navegação, os nossos sentidos. Há os que postulam a existência de um sexto sentido, que tem a ver com a percepção, com a antecipação aos acontecimentos. Este já pode ser um nível avançado de controle.

Fixemos o nosso estudo aqui nos cinco já evidentes. Se conseguirmos ter progresso neste campo, já será um grande avanço nos ajustes que precisamos dar em nossa caminhada diária.

Para ilustrar o uso do mecanismo interno de navegação, chamarei aqui de "noção".

Você já deve ter conhecido pessoas as quais são chamadas de "sem noção", certo? Tenho certeza que sim. Há pessoas que fazem cada coisa que surpreendem ao mais desavisado.

Então, partindo deste princípio, considere ter noção como a habilidade de orientar-se no mundo, considerando variáveis como ambiente, tempo, espaço, clima, humor, saúde, mercado etc.

Desta forma, é extremamente importante a cada caminhante aprender a ter cada vez mais noção sobre o caminho que escolheu trilhar. Mas isso, meu amigo e minha amiga, não se aprende da noite para o dia. Noção é algo que requer muito treino, muito preparo, muito erro, muita vontade de aprender.

Um sem noção age muitas vezes como um inconsequente, que peca pela inocência ou pela ignorância. A boa notícia é que, se estiver disposto a aprender, basta corrigir o rumo e tentar novamente.

Outro ponto importante a refletir é a questão do ego. Pessoas muito apegadas a verdades absolutas, a conceitos rígidos e imutáveis, exageradas no julgamento alheio tendem a aprender menos sobre o assunto, pois escondem-se nos cobertores quentes de seu ego e ali permanecem. Preferem ficar na arquibancada criticando quem está ao menos tentando, ou como dizemos popularmente, "dando a cara a tapa".

Os cheios de ego conseguem ser até piores do que os sem noção, pois neste caso, há, sim, decisão deliberada sobre um assunto, mesmo que signifique ferir ou prejudicar os outros com esta decisão.

Assim, é preciso estar atento, porque o excesso de confiança confundido com excesso de noção também pode ser um elemento perigoso.

A fórmula talvez esteja no equilíbrio, na busca por aprender e por considerar o que já se sabe. O caminho é treinar a percepção para a tomada de decisão ideal no tempo certo.

Sobre mecanismos e instrumentos de navegação

A cada aprendizado tornamo-nos mais confiantes, mais seguros na caminhada. Contudo, como sabiamente ensina o meu mestre, Kishikawa Sensei:

"Trate rio raso como se fosse fundo."

Jorge Kishikawa

Aproveitando a sabedoria desta frase, podemos concluir que a cada aprendizado precisamos adquirir a consciência deste no caminho. A consciência é o que nos sinaliza e nos alerta durante a caminhada.

Ações inconscientes tendem a ter resultados nem sempre satisfatórios. Por este motivo, sempre que aprendemos algo é como se um novo espaço se abrisse em nossa frente. Ou como se os passos fossem mais seguros. O problema acontece quando nosso excesso de confiança "desliga" ou "anestesia" a nossa consciência, como se nos colocasse em um piloto automático, em um voo somente por instrumentos.

Novamente, estar com os instrumentos sincronizados e bem ajustados torna-se fundamental para a jornada. O rumo precisa ser constantemente revisado e analisado, os sentidos bem apurados e a habilidade em aprender plenamente operando, somente assim chegaremos em segurança e no tempo certo.

Quantos gestores perdem a noção de como conduzir suas equipes? Agem como pilotos arrogantes que teimam em não ouvir as mensagens emitidas no ambiente. Sim, a equipe emite mensagens que, silenciosas ou não, somente comandantes abertos ao aprendizado conseguem perceber.

Em minha caminhada pelo mundo corporativo, conheci muitos gestores e gestoras que preferem reclamar da performance de suas equipes a parar e prestar atenção aos sinais. Faltas frequentes, sintomas físicos em alguns colaboradores, dificuldade em reter bons profissionais em funções estratégicas... esses e outros sinais são extremamente úteis caso o comandante queira corrigir um eventual desvio de rumo.

Mas perceba que, como no exemplo do piloto do avião, de nada adianta fazer pesquisas, ter resultados de indicadores, opiniões de clientes, se a arrogância e o ego falar mais alto. É preciso praticar a humildade em reconhecer que algo está errado e que o erro está na gestão.

Uma postura protagonista, de verdadeira e genuína liderança consegue perceber os mais sutis sinais e permite correção rápida na jornada. Postura de quem é capaz de admitir que erra e que pode ser a causa maior dos problemas na equipe. O mesmo podemos dizer na vida pessoal. Vemos pais e mães que preferem distanciar-se de seus filhos e, quando o tempo passa, reclamam que estes não aparecem para visitá-los... sinais clássicos de ego e arrogância novamente no comando dos instrumentos.

A consciência é o painel de registros ou o diário de bordo da viagem. Nela podemos encontrar detalhes do que devemos fazer ou evitar. Somente um caminhante consciente pisa de forma segura no terreno, pois prestou atenção aos sinais. É óbvio que não há garantias de acertos, mas tendo a consciência tranquila de que fez seu melhor com os recursos que dispunha é o sinal de bom aprendiz no comando.

Líderes que preferem aprender tendem a ter maiores chances de avançar, pois nem sempre acertar é sinal de avanço. Lembre-se de que, no jogo de tabuleiro, às vezes é preciso perder para poder ganhar.

Pense nisso!

O corpo fala

Este é inclusive o título de um livro muito interessante escrito por Pierre Weil e Roland Tompakow. Aliás, você encontrará muita literatura com o mesmo tema. Decidi incluir aqui neste trabalho alguns pontos que selecionei para ilustrar nossas discussões sobre feedback.

Linguagem corporal

Segundo Albert Mehrabian, pioneiro da pesquisa da linguagem corporal na década de 1950, em toda comunicação interpessoal cerca de 7% da mensagem é verbal (somente palavras); 38% é vocal (incluindo tom de voz, inflexão e outros sons) e 55% é não verbal.

O antropólogo Ray Birdwhistell, pioneiro do estudo da comunicação não verbal, calculou que, em média, o indivíduo emite entre dez a onze minutos de palavras por dia, em sentenças com duração média de cerca 2,5 segundos, estimou também que somos capazes de fazer e reconhecer cerca de 250 mil expressões faciais; e que o componente verbal responde por menos de 35% das mensagens transmitidas numa conversação frente a frente; mais de 65% da comunicação é feita da forma não verbal (Allan & Barbara Pease).

De posse dessas informações, peço que reflita sobre a coerência entre os seus discursos e a sua linguagem corporal. Muito do que você está dizendo pode não estar sendo entendido da forma que gostaria. Talvez esteja aí a causa para alguns problemas clássicos de comunicação que podem estar acontecendo em sua vida.

Reflita:

Será que as pessoas realmente entenderam o que eu disse?
Será que estou me comunicando de forma adequada?

Pensando nisso, separei algumas dicas para você interpretar alguns sinais da linguagem corporal. Você verá que, a partir de agora, terá uma atenção diferenciada acerca dos movimentos e gestos das pessoas. Mas, lembre-se: você precisa aprender a "ler" as características que observa, pois nem sempre um movimento isolado diz toda a comunicação que está contida no gesto. Por exemplo, pode ser que se a pessoa colocou as mãos no bolso, seja porque ela está com frio naquele momento. O importante é aprender a ler o contexto, o conjunto de sinais não verbais presentes.

Mãos

Mãos abertas:

Demonstração de sinceridade e honestidade. Gesto primitivo e refinado, indicando que "não tenho nada para jogar em você".

Mãos sobre a mesa:

Dedicado aos negócios, "Vamos negociar", "Vamos direto ao assunto".

Mãos juntas sobre o colo ou estômago:

Um gesto de proteção. Pode ser de um possível perigo à frente ou mesmo frio.

Mãos nos quadris:

Provocativo ou duro. Entretido ou ansioso para entrar no assunto principal.

Mãos nos bolsos:

Estar em contato com o próprio corpo. Busca de equilíbrio frente a uma possível insegurança.

Mãos no rosto:

Dependendo do contexto, pode ser um indício de mentira, de ansiedade.

Por exemplo, passar a mão no nariz, coçar o nariz, ou a orelha (ou parte de traz da orelha) quando está contando algo, pode ser indício de mentira.

Passar a mão na testa pode significar uma incerteza, mentira, impaciência, tédio e esquecimento, dependendo da coerência dos atos da pessoa após o que disse.

Colocar constantemente a mão na frente da boca ou nariz, enquanto está dizendo algo, pode ser uma reação inconsciente de se esconder a verdade, bem como manter as mãos fechadas, escondendo as palmas das mãos durante a conversa.

A falta de interesse pode ser identificada através da observação de movimentos repetidos com as mãos ou pernas. Isso pode indicar uma oportunidade de mudar o estilo do discurso para atrair mais a atenção dos ouvintes.

Posições em que a pessoa apoia a cabeça em cima das mãos, mesmo que seja em uma mão somente, imitando até a posição de dormir, pode indicar o tédio do ouvinte: "Que chato ter que ficar ouvindo isso!"

Mas atenção, ao perceber que o ouvinte está deixando um ou dois dedos na frente da boca, pode ser indício de vontade de falar, algo já está querendo "sair" pela boca...

Olhos

O olhar é outro indicador interessante. O fato de desviar o olhar durante a conversa, olhar excessivamente para os lados – inclusive existem estudos que mostram qual área cerebral está sendo ativada neste momento e qual tipo de memória está sendo acessada.

Há um comportamento muito interessante disparado de forma involuntária, a partir do uso do olhar e que preciso registrar neste capítulo:

Em meus cursos e seminários sobre feedback, demonstro este comportamento com uma dinâmica simples em que divido os participantes da sala em dois grupos. Para um dos grupos, peço que saia da sala por alguns instantes. Reúno o restante e dou a seguinte missão: que fiquem perfilados, ombro a ombro, totalmente em silêncio. Acrescento que devem procurar algo que farei com o grupo que saiu da sala e que devem descobrir o que fiz, mas sem poder falar nada até que eu dê o comando. Ou seja, totalmente em silêncio, devem olhar e observar as pessoas do outro grupo.

Para deixar o clima mais propício aos competidores, adiciono um ingrediente, dizendo que ganhará o grupo que descobrir o que eu preparei. Em seguida, vou até o grupo que saiu da sala, reúno-os e digo a mesma coisa.

Assim que me certifico de que o grupo entendeu as instruções, peço que retornem à sala e fiquem perfilados em frente (cerca de 2 metros) do grupo que estava aguardando, e a dinâmica começa.

- Imediatamente a mágica começa a acontecer. Como ficam frente a frente e se encarando, os sinais corporais involuntários afloram naturalmente:
- Começam os pequenos risos;
- Alguns colocam os braços na frente do corpo, cruzando-os ou apoiando as mãos;
- Outros cruzam as pernas;
- Mãos nas bocas;
- Pequenos movimentos para a frente e para trás ou para os lados, como uma dança no lugar;
- Outros ficam sérios e com o rosto fechado, tenso;
- Há também os que ficam imóveis, estáticos.

Eu fico no fundo da sala, somente observando estas reações que invariavelmente repetem-se em todas as turmas que assistem aos meus cursos. Deixo-os neste estado por cerca de um a dois minutos.

Finalizado o tempo, retomo a palavra e começo com um dos grupos, perguntando sobre o que viram. Os participantes começam a dizer as mais variadas observações que fizeram, pois, como disse a ambos os grupos que eu faria algo e que deveriam observar e procurar em silêncio, a curiosidade e criatividade afloram.

Ouço coisas do tipo:

"Fulano estava com a gola da camisa amassada."
"Beltrano estava com o crachá virado ao contrário."
"Você colocou alternadamente homens e mulheres."
"Eles estavam combinados de ficar se mexendo."
"A fulana lá do canto estava com raiva de mim."
"Vi que você deu a mesma missão para o outro grupo também."

Faço a mesma pergunta ao outro grupo e as respostas criativas continuam. Note que em momento algum combinei nada disso com nenhum dos grupos!

Em seguida, pergunto como se sentiram ao fazer a dinâmica e, em geral, ouço os seguintes depoimentos:

- "Senti um frio na barriga."
- "Fiquei com vergonha, meu rosto queimava."
- "Muito estranho ter gente me encarando."
- "Tive uma crise de riso."
- "Fiquei meio desconfortável, até com vontade de sair da dinâmica."

Para finalizar, pergunto ao primeiro grupo qual era a missão. Ao ouvir *"olhar e observar"*, repito a pergunta ao segundo grupo. Ao constatarem que dei o mesmo objetivo aos dois grupos, peço uma salva de palmas, pois todos cumpriram sua missão perfeitamente.

Ao retornarem aos seus lugares, começo minha explicação sobre os fenômenos que ocorreram na sala durante a dinâmica que acabaram de realizar. Veja alguns deles a seguir:

A ciência explica

Houve um tempo em que nossos antepassados viviam num local hostil, onde eram presas, eram parte do cardápio de predadores que habitavam este planeta.

Assim, eles tiveram que aprender a sobreviver neste ambiente. E foi isso que a "mãe natureza" providenciou, "instalando" um conjunto de mecanismos de defesa, que eu considero sensacional e supereficiente. Tão eficiente que nos salvou de sermos totalmente consumidos pelos predadores.

Esses mecanismos possuem vários componentes e citarei um deles aqui, a glândula adrenal ou suprarrenal, responsável pela produção de hormônios, em especial a adrenalina. Este hormônio é liberado em resposta ao estresse ao qual o indivíduo é submetido.

A adrenalina, em momentos de estresse, é secretada no organismo de forma abundante. Este hormônio prepara o corpo para grandes esforços físicos, estimula o coração, eleva a tensão arterial, relaxa certos músculos e contrai outros.

Funciona mais ou menos assim: quando o nosso corpo percebe que algo no ambiente pode oferecer qualquer ameaça à integridade física ou psicológica, imediatamente secreta adrenalina, que rapidamente percorre todo o organismo, aumenta a frequência cardíaca, eleva o fluxo de sangue para os membros superiores e inferiores (braços e pernas), ou seja, prepara o corpo para uma reação física: atacar ou fugir de um inimigo, por exemplo. É como se colocasse o nosso corpo em estado de alerta, pronto para ação.

Aprendendo a ler os sinais do corpo

Por esse motivo, as reações físicas da dinâmica ocorrem sempre da mesma maneira. E, como atualmente não temos predadores soltos nas ruas, esses perigos também evoluíram para os medos da sociedade moderna.

Ao posicionar ambos os grupos da dinâmica frente a frente em silêncio forçado e ao orientá-los a lançar seu olhar inquisidor a procurar algo que eu supostamente teria feito, crio o ambiente perfeito para o medo moderno aparecer: aquele de estar sendo observado, de ser avaliado.

Ou seja, forço a produção de adrenalina nos participantes e, esta dispara as reações físicas involuntárias, como eles próprios relatam e demonstram: braços e/ou pernas cruzadas, movimentos com o corpo, sensação de "frio na barriga" (ansiedade), crise de riso (também relacionada à ansiedade), sensação de desconforto e vontade de sair dali...

Essas e outras reações são típicas da descarga do hormônio no corpo dos presentes. Involuntariamente o corpo reage, ou seja, a pessoa entra numa espécie de "piloto automático", um mecanismo que a controla naquele momento, naquele instante. E, por mais que treinemos, ainda assim teremos a produção de adrenalina no nosso corpo. Esse processo é incontrolável.

Até aí nenhum problema, pois este sistema nos protege de perigos, nos dá energia necessária à fuga ou a reagir a um ataque, por exemplo. É extremamente eficiente, pois, como dito anteriormente, permitiu continuar nossa espécie.

A máquina começará a apresentar problemas no excesso desta condição. Nem preciso reforçar aqui que a exposição demasiada às situações de estresse não é benéfica a nenhum ser. Como citei anteriormente, nesta condição o coração fica acelerado, o corpo fica agitado e a ansiedade invade o mundo das nossas emoções. Nosso lado racional fica meio que anestesiado e passamos a ser controlados pelo lado emocional. Este lado inicia a imaginação para tentar prever o que acontecerá, tudo para tentar nos proteger. Passamos a pensar bobagens, imaginar coisas, criar e fantasiar situações que, na maioria das vezes, não passam de ilusões emocionais.

Essas emoções, se não controladas a tempo, literalmente nos sequestram do mundo real a um mundo muitas vezes imaginário e fantasioso. Cheio de suposições, preocupações e medos, que nem sempre são bons conselheiros.

Perceba quanta coisa acontece somente analisando e estudando os efeitos do olhar na linguagem corporal. Aprendi que os melhores líderes são exímios estudiosos do comportamento humano, descobrem quais as "chaves" que podem usar para abrir as mentes e corações das pessoas e, portanto, conseguem promover a inspiração e o engajamento.

Ainda duvida do que expus neste capítulo? Vou lhe fazer um desafio!

Se você tem gato ou cachorro em casa, faça uma experiência: chegue bem pertinho de seu animal e encare-o firmemente. Aproxime-se cada vez mais até que as reações comecem. Mas, preciso alertar que a responsabilidade é toda sua pelas consequências. Se você possui um cão com instinto de dominador de ambiente, em geral os de guarda, poderá ouvir um rosnado diretamente a você, mesmo sendo um dono carinhoso e dedicado. Caso o instinto seja de perfil mais dominado, menos agressivo, a maioria literalmente põe o rabo entre as pernas e sai de perto. Lembra do depoimento do participante que queria sair da dinâmica?

Aos proprietários e proprietárias de gatos, preciso registrar um aviso importante: "Você será alvo de um ataque imediato!" Gatos, em geral, não toleram este tipo de confronto. E reagem imediatamente. Prepare-se para arranhões no rosto!

E não diga que eu não avisei!

Se até os animais sabem que um olhar oferece uma ameaça, por que você ainda vai insistir em passar ao largo desta informação?

Eu escolhi aprender com isso. Procuro praticar a todo momento meu olhar e percepção sobre os sinais corporais no ambiente onde convivo. E posso lhe afirmar, a paisagem passa a ser muito mais colorida ao identificar os sinais que aprendi a identificar. Fica aqui o meu convite.

Tenho plena convicção de que se você se interessar por intensificar seu conhecimento acerca da linguagem corporal, conseguirá ótimos resultados em seus relacionamentos, sejam eles sociais, profissionais ou afetivos.

Portanto, pesquise! Há muita literatura e cursos disponíveis sobre o assunto. Somente peço o cuidado de checar a qualidade das fontes, buscando sempre o melhor e os mais recentes resultados comprovados.

Nos capítulos seguintes, você verá o quanto este saber sobre linguagem corporal é útil nos feedbacks. Saber "ler" os sinais expressados pelos outros é fundamental para medir a eficácia de seu feedback. Mãos, olhar e posição do corpo podem lhe dar pistas de se sua mensagem está sendo recebida do jeito que você quer.

Uma boa liderança mantém-se atenta aos comportamentos humanos ao seu redor. Atente-se aos detalhes, interesse-se por gente. Pode ter certeza de que isso é um diferencial.

Assim, preciso registrar que a verdadeira liderança é forjada no trabalho. Gente que realmente se interessa por gente aprende a lidar com gente. O ser humano é cheio de detalhes e a beleza dos gestos sutis só é vista e valorizada por quem realmente quer ver.

Desse modo, só posso lhe dizer uma coisa: empenhe-se!

Acostume-se a aprender com cada situação, palavra, gesto e posicionamento. Quanto mais se habituar a ler os sinais maiores serão as suas chances de sucesso, seja com sua equipe, família, comunidade etc.

Lembre-se de que somos seres sociais, ou seja, nossa essência é de convivência, de comunidade.

Qual a sua postura?

Ao procurar algumas definições sobre postura, encontrei conceitos relacionados ao posicionamento ou posição do corpo. Sua origem latina, *"postura"*, significa posição, situação.

Para conceituar melhor o meu pensamento, utilizarei dois tipos de postura relacionadas às atitudes do indivíduo, que aqui chamarei de a **postura de vítima** e a **de protagonista**.

Vou ilustrar com um exemplo bem simples, emprestado do cotidiano de vendas.

Postura de vítima:

Ao conversar com qualquer profissional de vendas e perguntar sobre seus resultados, você poderá descobrir esta postura, facilmente. Veja o exemplo a seguir:

– Fulano, você tem batido suas metas?

Pode ser que ouça:

– Não! Infelizmente, não!

Se você insistir e perguntar o porquê, provavelmente receberá a seguinte resposta:

– Ah... então... acontece o seguinte: não está correndo dinheiro no mercado. As pessoas não estão comprando... Além disso, o nosso governo não ajuda, só dificulta a vida dos trabalhadores...

E por aí vai...

Postura de protagonista:

Um vendedor, com postura de protagonista, lhe responderá mais ou menos assim, para a mesma pergunta:

– Não bati minhas metas, porque de alguma forma EU não acompanhei meus resultados, meus clientes e meus indicadores. Acho que me concentrei em alguns fatores e me esqueci de outros, justamente os que foram os mais importantes... Talvez se EU estivesse mais atento aos movimentos do mercado, da economia, da concorrência... Mas... não planejei direito, e não bati minhas metas. Bem, agora já aprendi como fazer certo e ficarei mais atento da próxima vez...

Conseguiu perceber a diferença na postura?

Os afetados com a postura de vítima preferem sair de cena e colocar a culpa em alguém. Eles nunca assumem ter relação com o problema, sempre são vítimas das situações, dos acontecimentos... Pessoas com postura de vítima adoram encontrar culpados, sentem-se aliviadas ao culpar o governo, o clima, os pais, os filhos... São facilmente encontradas nas empresas, governo, comunidades etc.

Aquele com postura de protagonista, ASSUME a responsabilidade! Veja que não se trata de culpa, e, sim, de responsabilidade. Pessoas com postura de protagonista sabem que são parte da solução e não do problema e preferem estar em campo em vez de ficar na arquibancada, criticando, arranjando desculpas.

Costumo dizer que:

Quem quer, dá um jeito.
Quem não quer, arruma uma desculpa!

E se em vez de ficar reclamando, você ajudasse a mudar o que precisa ser mudado?

Se em vez de culpar a empresa, seu chefe, seus pais, seus filhos, você agisse e fizesse algo para mudar a situação?

Por que você prefere reclamar em vez de arregaçar as mangas e ajudar a construir a mudança que tanto postula?

Então, pare de culpar os outros!

Quer mais educação? Compartilhe mais o que sabe.

Quer mais saúde? Seja exemplo de bons hábitos... Ninguém dá o que não tem, portanto, também não recebe o que não merece!

Agora pergunto: você é vítima ou protagonista?

Analise e reflita sobre os pontos acima sempre tendo como pano de fundo como tem recebido os feedbacks apresentados em seu caminho. Será que assume a responsabilidade, agindo com postura de protagonista? Ou será que sai à caça de culpados, demonstrando a típica postura de vítima em seus discursos?

Há quem prefira ficar justificando-se ao receber seus feedbacks, e há quem escolha aprender com eles, mesmo se estes não lhes forem os mais apreciados de saber ou ouvir.

Pense nisso!

Acredito que existam dois tipos de pessoas:

*Há os que querem crescer
e os que querem ser crescidos!
De qual lado você está?*

Digo isso, pois, em meu caminho, vez ou outra encontro pessoas que adoram se lamentar e colocar a culpa em alguém pelo seu próprio desenvolvimento. Há quem culpe:

A empresa:

"Aqui nós recebemos pouco treinamento...", "A empresa não paga cursos...", "Meu chefe não me deixa voltar a estudar..."

A família:

"Meu pais nunca me deram apoio...", "Meus filhos não me deixam estudar..."

O governo:

"Não temos opções de cursos aqui...", "O prefeito não desenvolve nossas escolas..."

O tempo:

"Meu tempo não deixa...", "Meu dia deveria ter 36 horas..."

Sempre que ouço alguns dos exemplos acima, faço a pergunta: "você quer crescer ou ser crescido?", com que iniciei este tópico. Imediatamente a pessoa me lança um olhar de susto e o silêncio mostra o que a consciência sempre tentou alertá-la, que somente há um responsável final pelo próprio desenvolvimento.

Imagino os que querem ser crescidos, como se fossem passarinhos dentro do ninho, aguardando com o bico aberto pela comida que seus pais saíram para buscar. Como se quisessem permanecer como eternas crianças totalmente dependentes de alguém superior, mais forte, mais experiente...

Recomendo que saia desta vitimização e assuma a responsabilidade pelo seu desenvolvimento. Anotei, a seguir, algumas dicas:

1. Ajude na mudança: arregace as mangas!

Culpar a empresa? Não adianta, o caminho não é esse. Busque o que fazer para ajudar a sua empresa a descobrir maneiras melhores, mais criativas, de melhor custo e maior retorno para todos. Se você está em uma empresa, é seu dever ajudar no desenvolvimento de todos. Tenho certeza de que há algo que você pode contribuir. Use sua influência para o bem, para convencer quem pode ajudar a colocar sua ideia em prática e pare de ficar propagando lamentações infantis pelos corredores. Pergunte-se: "Será que eu tenho ajudado a mudar isso?" Se não conseguiu responder imediatamente, pare e comece a mudar de postura, pois senão, muito em breve, você é quem será convidado a se mudar de lá.

2. O que você precisa aprender?

Em geral, os que mais reclamam, na verdade nem sabem ou nem sequer se perguntaram sobre o que deveriam aprender.

Descubra! Há muitos detalhes em sua atividade, ou nas atividades que se relacionam com a sua, que você precisa saber. Lembre-se: sempre há o que aprender.

3. Postura de protagonista!

Assuma a sua responsabilidade e pare de ficar colocando culpa nos outros, no governo, nos pais, filhos, tempo, na crise internacional... Essa citação do autor americano, Tom Peters, pode ajudar na reflexão.

Em seu livro chamado *A marca você*, Tom Peters apresenta um exemplo de uma lápide escrita por um executivo que tinha postura de vítima:

"Aqui jaz fulano de tal.
Uma pessoa que teria feito coisas fantásticas
se seu chefe tivesse deixado!"

Tenho certeza de que não quer que isso esteja na sua lápide!

4. Busque alternativas!

Pouco tempo para estudar ou para aprender algo novo?

• Faça leituras regulares em intervalos durante o dia, no ônibus, por exemplo. Ou acorde vinte minutos mais cedo para ler 4 páginas de um bom livro todos os dias;

• Matricule-se em cursos à distância via internet;

• Há quem se dedique a conhecer idiomas somente lendo, ouvindo e pronunciando letras de música... É claro que não substitui um bom professor, mas não ficam lamentando de não terem tempo para ir a um curso. Siga o exemplo;

• Conviva com pessoas a quem credite boa referência sobre determinado assunto. Também é uma excelente e barata fonte de aprendizado;

• Leia bons blogs e livros (espero que este esteja na lista!);

• Siga bons autores no Facebook, Twitter, Youtube, etc. Há muita gente interessada em compartilhar aprendizados na rede, seja voluntário para ensinar algo que domina. Por exemplo: se sabe usar, mesmo que basicamente o computador, acredite: há milhares de jovens e adultos que não fazem a menor ideia de como ligar um. Sabe comunicar-se corretamente? Voluntarie-se para ensinar jovens a como se comportar em uma entrevista para emprego, por exemplo. Há muita gente precisando de você e verá que sua lamentação, na verdade, é muito pouco diante da dificuldade de tantos outros ao seu redor.

Agora é com você: de qual lado está?

A coerência

Para este tópico quero, trazer um tema para nossas reflexões acerca da liderança: a **coerência**.

Aqui no Brasil, a linguagem popular traz um ditado muito conhecido:

"Faça o que eu digo, mas não faça o que eu faço."

Infelizmente, há pessoas que costumam pronunciá-lo livremente, sem ter noção da importância dessa atitude.

Pensando nesse dito popular, apresento o que chamei de "**Ditado do Líder**":

"Faça o que eu digo.
*E faça, **porque eu faço!**"*

Acredito muito no poder das palavras, no significado que elas têm para a energia que emitimos ao nosso ambiente. Creio que tudo o que somos, temos, fazemos é consequência de nossas escolhas. Assim, somos os únicos responsáveis por tudo o que está acontecendo conosco neste exato momento.

Então, a partir do "Ditado do Líder", a palavra "coerência" passa a ter muito significado, pois só pode pronunciar este ditado quem vive de forma totalmente coerente. Traduzindo para o contexto da liderança: não dá para exigir que sua equipe esteja estudando, se você não estuda, não pesquisa, não aprende coisas novas, não compartilha. Não dá para exigir que a equipe seja comprometida, se você se atrasa, não cumpre suas promessas, esconde o jogo...

Se você quer agir com verdadeira liderança, pense na coerência de seus atos e mensagens:

Será que você é o melhor exemplo do que diz?

Será que as pessoas veem em você alguém que transmite uma mensagem verdadeira, coerente?

Ou será que as pessoas fazem de conta que o ouvem só para ficarem livres do seu jeito incoerente?

Tem gente que adora ser contra tudo e contra todos: ouve uma ideia, coloca-se contra ela; ouve uma alternativa, se posiciona contra; sugerem um passeio, não aceita...

Como se fosse preciso medir forças com o outro, como se precisasse mostrar que consegue impedir a decisão a qualquer momento.

Veja que não é preciso ser "do contra" para realizar o que você deseja. Ao mesmo tempo, você não precisa aceitar tudo o que aparece, aliás nem deve!

É preciso saber criticar com fundamentos corretos e apresentar sua posição, seu pensamento, sua crença.

Como no exemplo de Madre Tereza, busque o seu posicionamento positivo, ou seja, posicione-se de forma que a energia positiva esteja fluindo.

Lembre-se: ao remar contra as forças da correnteza você faz mais esforço, leva muito mais tempo, além de não ter nenhuma garantia de que atingirá a outra margem. Os riscos são muito maiores que os benefícios.

As artes marciais também ensinam isso: coloque-se em uma posição em que a força do oponente seja usada sempre a seu favor, nunca contra você.

Creio que o mais importante entre estar certo ou errado é o posicionamento. Posicionar-se corretamente é o princípio do equilíbrio.

Colocar a coluna na posição certa antes de tomar uma decisão, pode ser uma dica inteligente para apoiar suas escolhas. Ao endireitá-la, você passa a respirar melhor, consegue visualizar com maior precisão o horizonte e posiciona seu corpo todo no seu centro de energia, de modo a ter maior equilíbrio.

Equilibrar o emocional e o racional na tomada das decisões. Controlar as emoções, os preconceitos, os medos e a ansiedade pode ser um bom caminho. Basta querer estar na posição correta.

Cuidado se com você é como naquele ditado: "Ou é oito ou oitenta!" Os extremos são perigosos e neles não há equilíbrio. Imagine uma criança que sozinha tenta brincar em uma gangorra. Ao escolher somente um dos lados, nunca sairá do chão. Conseguirá usar o brinquedo quando conseguir equilibrar-se no centro, na posição correta para a harmonia entre os lados e as forças.

Assim, todo exagero é arriscado. Todo extremo pode guardar armadilhas na tomada de decisão.

Ou, como cita a letra da música:

"Uma questão de manter: a mente quieta, a espinha ereta e o coração tranquilo."

Talvez esse seja um bom caminho a percorrer.

PARTE III

Caminhando e Praticando a "Escutatória"

I – A arte de presentear

Você já deu um presente a alguém? Tenho certeza de que sim.

O presente dado pode ser algo material, tangível, visível etc., e também pode ser algo intangível. Contudo, não pode ser sem vida, digo, sem energia...

Acredito que o mais importante está no ato de presentear, na ação, na atitude. E não no objeto, na coisa, no presente. O que nos toca é a intenção. É o que motivou, o que se pretendeu com o ato de presentear.

Lembre-se de quando você decidiu dar um presente a alguém. Faça comigo um exercício:

Vamos pensar em uma ocasião em que você recebeu um convite para ir a uma festa de uma pessoa querida. Pode ser um casamento, formatura, aniversário, enfim, uma comemoração especial. Imagine que para este momento você decidiu dar um presente a esta pessoa. Tomando como ponto de partida o fato de que ela é muito querida para você, creio que irá tomar certos cuidados para encontrar o presente ideal. Sendo assim, quero que pense no passo a passo que seguiu, desde a sua decisão do que comprar até o ato da entrega do presente em si.

Se possível, pegue agora papel e caneta, e escreva em uma folha uma pequena lista de etapas, contendo o que você precisa fazer para comprar um presente a uma pessoa muito querida. Alguém especial que você quer homenagear neste momento. Liste o que faria, desde a escolha até a entrega, como se fosse um pequeno manual de instruções contendo em uma ordem lógica o que deve ser feito.

Acreditando que você já fez o exercício que propus acima, agora siga a leitura a partir deste ponto:

Percorrendo o caminho desde antes de comprar até entregar o presente, creio que você:

• Precisou conhecer a pessoa. É muito mais difícil dar algo a alguém que pouco se sabe a respeito, como seus gostos, interesses, estilos etc.

• Pesquisou se ela precisava de algo especial.

• Pensou como ela utilizaria este presente: se guardaria na gaveta, ou na estante. Se seria útil de alguma forma...

• Precisou também saber se dispunha de todos os recursos para conseguir o presente escolhido: onde encontrá-lo, se tem condições de consegui-lo...

• Avaliou o momento: será que ela gostaria de receber algo agora? É o momento certo? Como está o contexto ao redor dela?

Levando esses e outros critérios em consideração, imaginemos que você já está dentro da loja em que quer comprar e decidiu o presente. O que fez?

• Deve ter escolhido com atenção: a cor, o tamanho, o estilo, o cheiro, o aspecto, pegou, testou etc.

• Selecionou algumas opções para decidir, colocou-as sobre a mesa ou balcão. Comparou-as, imaginou a pessoa com o presente. Sabedor de que a cada escolha tem-se uma renúncia, você analisou o preço de cada uma das opções. Escolheu aquela em que você tem mais condições de pagar ou de assumir a conta. A renúncia está em escolher trocar sua posse (pode ser dinheiro) pelo presente escolhido. Você fará a inevitável pergunta a si mesmo: vale a pena? Se você sentir que sim, aceitará o valor da compra.

• Feita a escolha, ainda falta a embalagem do presente. Já vi pessoas que exigem a famosa "caixinha", outras um papel todo especial, um laço... existem aquelas que colocam até perfume no presente!

Ok, já com o presente embalado em mãos, agora é preciso entregá-lo, certo? Pois bem, esta etapa também é cercada de detalhes:

• Onde será a entrega? Como é o local da entrega? Combina com o presente?

• Quando entregar? Qual o momento certo?

• E como entregar? Não dá para simplesmente jogar no colo da pessoa a quem se quer presentear. É preciso entregar com carinho, depositar nas mãos do presenteado aquilo que com tanta atenção procuramos.

E, depois de entregar, ficamos atentos às reações, certo? Será que gostou? Será útil?

Sem contar que, logo em seguida, precisamos registrar o momento, tirar aquela foto para o álbum ou postar nas redes sociais. Momentos especiais precisam ser registrados, guardados com carinho...

Somente depois de tudo isso, seguimos para curtir a festa, os demais convidados, o clima, desfrutar das conversas, aproveitar o tempo...

Mais ou menos assim funciona um ritual de presentear uma pessoa querida.

Mas afinal, por que fazemos tudo isso? Por qual motivo temos todas essas atitudes para entregar um presente a alguém querido? O que nos faz agir desta maneira?

Muito simples: é a vontade de ver o brilho nos olhos do presenteado. De presenciar a reação, de fazê-lo sentir-se bem, feliz!

Por esse motivo, não interessa o tipo de presente – pode ser até um pequeno chaveiro. O que realmente importa é a intenção de presentear. É o que fizemos para fazer a pessoa sentir-se bem, para trazer felicidade àquele momento dela.

Podemos dizer que esta é a essência do servir. Aquela em que o que realmente importa é cuidar e fazer o bem ao outro, mas precisa ser o bem genuíno, precisa ser aquela verdadeira intenção de dedicar-se à felicidade do outro...

Quando não temos esses elementos em mãos, ficamos no vazio. Sem vida, sem significado o ato e o presente.

E o que isso tem a ver com o feedback?

Tudo! Simplesmente tudo!

Caros amigos e amigas, se você já fez isso, já se importou com alguém no sentido de presentear, de fazer sentir-se bem, preste muita atenção no que registrei abaixo, pois pode ser interessante para desenvolver sua habilidade em dar bons feedbacks.

Esta é a chave para o método que desenvolvi observando os melhores, aquelas pessoas que conseguem extrair o melhor dos outros através de bons feedbacks.

Para dar o melhor feedback da sua vida,
basta usar a arte do presente!

Precisa dar feedback a alguém? Use a arte do presente. Isso mesmo! Presenteie alguém com um feedback.

A seguir, enumerei alguns passos que poderão orientá-lo para dar os melhores feedbacks de sua carreira. Leia-os com atenção e reflita sobre cada um deles, buscando identificar como você está agindo atualmente e o que pode fazer para agir diferente. Mas se lembre de que feedback é uma atitude ampla, sofisticada e cheia de significados. Perceba que há variáveis importantes envolvidas.

Logo, afirmo que feedback é ação de retorno de mão dupla, pois há mensagens tanto para quem dá quanto para quem recebe. Enganam-se aqueles que pensam que o feedback é somente para o outro. Na verdade, é para ambos. O significado abraça emissor e receptor, sempre!

Nos capítulos anteriores, procurei demonstrar o quanto é preciso conhecer a si próprio, pois somente um bom nível de autoconsciência poderá lhe dar algumas respostas sobre os resultados que você tem obtido com os feedbacks que tem dado.

Há quem reclame que não recebe bons feedbacks, mas a questão talvez seja: como é que esta pessoa realmente age no seu dia a dia com os que a rodeiam? Ouço muitos que falam mal de chefes ou colegas de trabalho, reclamam dos pais, irmãos, amigos, mas que jamais param para olhar no espelho e perguntar a si mesmos: "Será que o problema pode estar comigo?"

É preciso um bom nível de consciência para compreender esses aspectos. Vivemos o produto de nossas escolhas. Se escolhermos ser extrovertidos, colheremos os frutos da exposição. Ao optarmos pela introversão, receberemos as barreiras da rede limitada para soluções. Cada modelo que escolhemos para nossas ações nos trará o que merecemos colher. E há muito da atitude de quem entrega no presente que acabou de dar.

> *"Sempre fica um pouco do perfume nas mãos daquele que oferece flores."*
>
> **Ditado árabe**

Aqui, proponho uma nova forma de conceituar e praticar o feedback. Neste método a escuta vem antes da fala. Por este motivo, batizei-o de "escutatória", ou seja, escuta e oratória, nesta ordem.

Proponho que a "escuta" tenha um significado amplo e forte, pois representa aprender a captar todas as mensagens antes de dizer qualquer coisa. Percebi que os melhores na arte de aplicar bons feedbacks sabem, como poucos, escutar muito bem e interpretar as mensagens antes de sair dizendo o que vem à cabeça.

Os piores feedbacks que presenciei, seja porque os cometi ou por acompanhar alguém neste momento, foram precedidos de fala e não de escuta. Desastrosos episódios de sermões intermináveis que, em muitas vezes, não tinham significado algum, nem motivo aparente.

E como a grande maioria das pessoas, pais, professores, gestores, têm preguiça de escutar, saem falando sem ao menos ouvir primeiro. Quem sabe esteja aí alguma resposta para o porquê de as pessoas não seguirem os seus feedbacks.

Será que você fala demais? Será que pratica mais a fala do que a escuta? Será que seus feedbacks são monólogos e discursos? Será que as pessoas realmente estão a fim de o ouvir? Ou será que elas gostariam mesmo é de alguém que as escutasse com atenção?

Será que seus filhos estavam tentando dizer que queriam mais sua atenção e só você, usando a desculpa ("muleta") de estar cheio de trabalho, não parou para escutar os sinais que estavam emitindo?

Será que a pessoa que vive com você estava tentando lhe dar pistas do estado de espírito do seu relacionamento, mas você preferiu acreditar somente no que quis e esqueceu-se de prestar atenção às mensagens que estavam sendo emitidas?

Será que é a equipe que precisa de correções? Será que aquele ou aquela profissional de quem você reclama está realmente indo mal por única responsabilidade dele ou dela?

Será que seus alunos realmente não querem "nada com nada"? Ou seriam as suas aulas tediosas e atrasadas?

Lembre-se de que o feedback que der provavelmente tem muito da energia que você está emitindo, pois só colhemos o que plantamos. E feedback, na tradução literal do inglês para o português, significa retorno. Ou seja, retorna a nós a energia que emitimos.

Em minha caminhada, tenho visto muitos pais sofrendo a ausência dos filhos, professores reclamando da frequência em suas aulas, gestores lamentando a falta de pessoal qualificado...

Perceba a quantidade de valor na falta que tem sido dada. Pessoas dando mais valor para o que não têm, em vez de identificar o que têm feito para gerar tudo isso.

Como relações humanas não é um conjunto das ciências exatas, fica difícil de apontar com precisão um único motivo, mas há de se refletir em alguns pontos que podem ser pistas importantes sobre os resultados do caminho.

Conversando com quem tem relatado felicidade nos feedbacks, encontrei frases como:

- "Meu pai sempre sabe o que estou pensando."
- "Minha mãe me conhece, sabe o que eu gosto e preciso."
- "Este professor consegue surpreender, pois transforma o que era difícil em simples de aprender. E eu gosto disso."
- "Meu gestor sempre me mostra algo a melhorar em forma de dicas. Nunca o vi criticando ninguém, está sempre orientando de forma gentil. Como é legal isso!"
- "Todas as vezes que converso com minha chefe é uma verdadeira aula. Isso não tem preço!"

Os trechos acima fazem parte do acervo que acumulei sobre o assunto, conversando e aprendendo sobre feedback. Concluí que a resposta para um feedback excelente pode estar na atitude, na sensibilidade e na genuína intenção de primeiro dedicar-se ao outro em vez de tirar conclusões precipitadas.

Descobri que a chave realmente está no importar-se primeiro com o outro, para depois entregar o que este realmente precisa, algo que lhe seja realmente útil, que faça a diferença em sua vida. Por este motivo, em meu método, faço a analogia com o ato de presentear alguém.

Para presentear de verdade é preciso primeiro conhecer a pessoa, importar-se com ela. Sem isso, o presente perde o valor, fica sem significado. Quando presenteamos alguém que realmente importa, colocamos tempo nesta missão, dedicamos momentos preciosos nesta busca e escolha, pois queremos dar algo que fique marcado, que seja valioso.

Há quem diga:

"Ah, vou dar somente uma lembrancinha..."

Podemos fazer isso? Óbvio que sim. Mas digo: não reclame dos presentes que receber, pois se você não der valor ao que dá, será que merece receber algo valioso em troca?

Perceba que tudo é feedback, tudo é retorno. Suas atitudes estão totalmente conectadas ao resultado que tem obtido com os feedbacks que tem dado por aí. Acredito na justiça de que recebemos de volta exatamente a medida da energia que emitimos. Tudo depende do que tem dado valor.

Proponho que você comece a dar valor na abundância, no positivo, na plenitude e na prosperidade mútua. Pare de dar valor na falta, no erro, no problema.

Proponho também aprender a escutar mais do que falar. A descobrir, antecipar-se e conectar os pontos certos antes de sair dizendo o que lhe vier à cabeça. Aprenda a escutar primeiro e a dizer depois. Aprenda a praticar a escutatória.

Por este motivo, dediquei todos os capítulos iniciais deste livro às reflexões pessoais, a "cutucar" você e sua consciência sobre suas atitudes e seus comportamentos, pois estes podem ser elementos importantes para o seu mapa de resultados em feedbacks, já que se trata de um retorno, ou seja, recebemos de volta o feedback que damos a alguém.

Quer ser respeitado? Ofereça respeito antes. Quer que confiem em você? Dê confiança! Quer que lhe digam sempre a verdade? Seja sincero.

Se ainda lhe restam dúvidas sobre esses aspectos em sua consciência, recomendo-lhe que retorne a leitura nos capítulos iniciais antes de prosseguir, ou peça ajuda de um profissional, pois há sempre algo que precisamos descobrir sobre nossos comportamentos. Invista em você!

Ou como está escrito no Oráculo de Delfos, no Monte Parnaso, na Grécia:

"Homem, conhece-te a ti mesmo e saberás os segredos do universo."

Acredito que temos todas as respostas às perguntas que formulamos sobre nossos resultados. Tenho aprendido que, se nos dedicarmos a escutar mais e melhor, poderemos ganhar muito tempo de coexistência plena e intensa com os que nos rodeiam.

Se isso faz sentido para você, leia alguns pontos que enumerei adiante para orientar essa reflexão. Um conjunto simples de etapas que testei e funciona. Tais passos são parte do que chamo de "método do presente", em que aprendi observando quem faz e consegue excelentes resultados, ou seja, é um caminho das pedras.

Apliquei este método com pessoas dos mais diversos níveis hierárquicos, condições sociais ou de escolaridade. Nas mais diversas regiões do país, idades ou crenças. E percebi que funciona, pois só há benefícios em se fazer o bem ao outro.

Meu método é baseado na bondade, no fazer o bem, no entregar ao outro algo que lhe faça sentir melhor e engrandecido. Demonstro neste livro e em meus cursos e palestras que, sim, é possível dar e receber os melhores feedbacks de sua vida. É possível oferecer ao outro uma oportunidade para um novo caminho, um jeito mais prazeroso e que torne mais simples sua caminhada.

Basta deixar o seu ego de lado e dedicar-se ao outro. Colocando o ser humano como o centro das ações, como o foco dos resultados. Respeitando as diferenças e escolhas de cada um, permitindo ao outro ser o que quer ser. Dedicando-lhe a ação de escutar e, com isso, mapear o que realmente precisa, antes de qualquer palavra ser proferida. Só depois desta análise, entregar seu presente, ou seja, dizer seu feedback.

Parece óbvio, não? Mas então por que muitos não o fazem?

Eis o Método do Presente:

1. O que será que darei de presente?

Lembra que, na lista anterior, antes de comprar o presente, fizemos uma série de verificações como: se conhecemos a pessoa, sabemos como ela é, se precisa de algo...

Pois então digo, com feedback é o mesmo!

Sim, antes de dar um feedback a alguém, você precisa conhecer a pessoa.

Estas perguntas iniciais são fundamentais para a decisão, pois indicam o seu nível de interesse e conhecimento sobre a pessoa a quem deseja presentear.

Você já deve ter recebido presentes que nem se lembra mais. Ou recebeu aqueles em que, ao abrir o pacote, teve que dar um "sorriso amarelo", dizendo: "Ah... não precisava se incomodar", mas por dentro estava querendo devolver.

Há também os que não querem perder tempo pensando no presenteado, não estão nem um pouco a fim de importar-se em descobrir mais sobre ele, seus hábitos, preferências etc. e que lhe presenteiam com um famoso "vale presente". Um vale CD, vale filme, vale roupa, etc. A indústria da falta de interesse pelo outro é tão criativa que são tantas opções de "vales", que perderemos a conta. É óbvio que esta opção também é uma alternativa em saídas de desespero, mas você há de concordar comigo que não houve nenhum interesse em conhecer um pouco mais sobre o outro neste caso.

E isso também é um feedback!

Da mesma forma que para dar um bom presente, para dar um bom feedback, é preciso:

• Conhecer a pessoa;

• Saber sua história e seu contexto de vida atual;

• Descobrir o que ela está realmente precisando.

Conheço muitos chefes despreparados que adoram dizer o que lhes vem à cabeça quando um erro de algum de seus colaboradores acontece. Dizem tantas bobagens, muitas vezes desnecessariamente... O mesmo vemos com pais que adoram punir sem pensar...

Certa vez, fiz uma visita em uma unidade de negócio de uma das empresas onde trabalhei. Como era da área de vendas, tínhamos o costume de acompanhar um vendedor em um dia de trabalho. Assim, poderíamos "sentir na pele" o que o profissional sente, suas dificuldades, e até dar algumas dicas ou ideias...

Lembro-me de que o seu superior imediato também estava conosco. O vendedor estava ao volante, seu chefe ao lado e eu, no banco traseiro, saímos para visitar os clientes previstos no dia deste vendedor.

Como sou muito tagarela, lancei-me a perguntar sobre a vida do vendedor, que aqui chamarei de Eduardo:

– E aí, Eduardo, você está há quanto tempo na empresa?

E ele me respondeu:

– Ah, Rodrigo, estou aqui faz dois anos!

Continuei:

– Dois anos! Que legal! E está gostando? Gosta do seu trabalho?

Ele me disse:

– Opa! Gosto muito, sim! Não me vejo fazendo outra coisa!

Como senti a abertura dele para a conversa, lancei mais uma:

– Que bom! E como está a vida, a família?

Ele mudou o tom de voz e respondeu-me:

– Ah, Rodrigo, está tudo certo, graças a Deus! Inclusive estamos muito felizes, pois acabamos de ter nosso primeiro filho...!

Assim que me disse isso, seu supervisor, que estava sentado no banco ao lado, imediatamente disse em tom assustado e surpreso:

– Você teve um filho???

Tive um susto na hora. Uma mistura de surpresa com indignação em estar presenciando uma cena típica de chefes sem nenhum interesse nos integrantes de sua equipe. Imagine o quanto este chefe estava distante da vida do nosso vendedor.

Ao ver que o chefe queria aproveitar a oportunidade do papo que eu tinha puxado, para conhecer um pouco sobre o vendedor de sua equipe, estiquei meu braço e segurei forte no ombro do supervisor, como que dando-lhe um sinal, para que ficasse em silêncio. E, cada vez que ele balbuciava uma pergunta, eu apertava mais forte. Até que se silenciou e entendeu meu recado.

Mas eu continuei a conversa, segurando o ombro do supervisor:

– Sério? Vocês tiveram o primeiro filho! Que legal! E está com quantos meses?

– Três meses já, Rodrigo! – Respondeu-me.

– Olha só! Os três primeiros meses são muito interessantes – continuei. – É uma fase sofrida para os pais, principalmente para os de primeira viagem.

– É mesmo! Você tem razão, Rodrigo. Inclusive tem sido uma barra para mim, pois eu estou no meio de provas na faculdade e o garoto está com dificuldades para dormir, chora bastante, e isso tem desgastado bastante meus dias...

– Entendo perfeitamente o que você diz, Eduardo. O meu também trocou o dia pela noite e foi um tempo para acostumarmos e colocarmos nossos relógios biológicos na mesma sintonia...

Continuamos o papo sobre filhos, e eu, tentando manter o supervisor em silêncio, como se desse a ele o recado: "até hoje você não se interessou em saber quem é a pessoa que trabalha com você, e agora vai esperar a sua vez..."

Continuamos a efetuar as visitas aos clientes, mas aquele triste episódio tirou-me a concentração e decidi que precisava fazer algo neste momento.

Depois de efetuarmos a visita do quarto cliente do dia, lembro-me que pedi ao vendedor que retornasse ao nosso escritório, dizendo que para mim já era suficiente. Ao chegarmos, agradeci e pedi que seu gestor ficasse comigo.

Assim que entramos no escritório, o supervisor me disse:

– Não precisa dizer nada, Rodrigo. Já percebi a porcaria que eu fiz!

Eu aproveitei o momento e disse:

– Na verdade, eu só ia perguntar a você em qual planeta estava? Em qual lugar do mundo esteve todos estes dias... Como é que pode? Você não sabia deste detalhe da vida do colaborador de sua equipe? Como assim? E, meu amigo, o buraco é bem mais embaixo, pois se o garoto já está com três meses de vida, se somarmos aos nove meses de gestação, temos um ano de isolamento de sua liderança! Já pensou nisso?

Perceba que na história acima temos um típico exemplo de falta de interesse do gestor, que pouco sabe sobre o contexto de vida de um membro de seu time.

A minha constatação ficou comprovada quando fiz lancei a afirmação derradeira ao supervisor:

– E arrisco dizer que este vendedor deve estar a algum tempo sem bater suas metas!

O supervisor respondeu-me:

– Rodrigo, faz três meses que ele não bate! Inclusive já estava na lista de substituição!

– E se agora eu pedisse à empresa que colocasse o seu nome na lista de substituição? – Disse a ele.

Conhecer o contexto de vida é essencial para poder dar seus presentes (feedbacks) de forma madura e equilibrada. Sem este detalhe, seus feedbacks serão rasos e com baixo valor.

Outro fator que listei é o de descobrir o que a pessoa realmente está precisando. Para ilustrar este item, vou compartilhar um causo meu:

Lembro que quando meu filho completou seu primeiro ano de vida, eu comprei para ele um autorama! Um lindo e complexo conjunto de pistas de corrida para um bebezinho de 1 ano de idade!

Eu montava o brinquedão na sala e, com meu filho no colo, ficava "pilotando" com ele os carrinhos...

Advinhe o que aconteceu: alguns dias depois, meu filho quebrou o brinquedo. Mordeu algumas peças, jogou fora outras... É lógico! Era eu que queria ter tido um desses quando criança e depois, quando pude, "dei este presente" ao meu filho...

Há chefes que agem assim também. Dão feedbacks aos outros, mas, na verdade, trata-se do que ele ou ela queria ouvir. Nada mais. E acabam por não dizer o que a equipe precisa escutar.

Agora eu pergunto: será que você tem dado os feedbacks (presentes) que as pessoas realmente precisam receber? Será que sua equipe, filhos, chefe, colegas recebem de você algo útil? Será que usam os feedbacks que ouvem de você?

2. Tenho como "pagar" por este presente?

Saber se possui os recursos necessários para um bom feedback também é ação fundamental para o sucesso com a técnica.

Relacionando ao exemplo do presente, em que você faz sua escolha também considerando se tem condições de pagar por ele, o feedback também precisa ter avaliação semelhante.

Assim, antes de dar seus feedbacks (presentes), pergunte-se:

• Será que eu tenho condições de falar e opinar plenamente sobre este assunto? Ou ficarei devendo informações por desconhecimento?

• Será que minhas competências permitem orientar ou criticar o trabalho de outro? Tenho condições de honrar com a palavra que pretendo apresentar?

Feedbacks dados por alguém que não tem condições de arcar com o que diz são rapidamente descartados por quem os recebe. Da mesma forma, quem recebe é o responsável por dar ou não o crédito a quem diz, sendo assim, agir de acordo com o que se fala é fundamental.

"Faça o que eu digo, e faça, porque eu faço!"

Ditado do líder

Espero que tenha enchido os pulmões antes de pronunciá-lo. E se ainda não o fez, convido a fazê-lo antes de continuar esta leitura...

Chamo de ditado do líder, pois somente quem quer ser verdadeiro exemplo para os outros pode realmente pronunciar este ditado.

E, para poder pronunciar este mantra sagrado da liderança, a pessoa precisa estar muito bem com sua consciência, ou seja, não pode ter o "rabo preso"!

Traduzindo:

Não dá para exigir que sua equipe estude, se você não está estudando!

Não dá para clamar por uma equipe bem qualificada, se você não busca constantemente aumentar seu estoque de conhecimentos!

Não dá para exigir que cumpram horários ou tarefas, se você não os cumpre.

Há muitos bobalhões brincando de chefe, pensando que liderar é mandar. Há muitos imaturos que ainda não aprenderam a conquistar, pois ganharam de bandeja em algum momento da vida e acreditam que o mundo gira em torno de seus umbigos. Há muitos gestores e gestoras sem preparo que insistem em dar feedbacks sem ao menos ter condições de fazê-lo.

Pense nisso, pois se você tem dúvidas, abaixo deixo mais uma reflexão:

> *"Quando falares, cuida para que tuas palavras sejam mais valiosas que o teu silêncio!"*
>
> **Provérbio árabe**

3. Como é a ocasião da festa?

Esta resposta é muito importante para a entrega do feedback, pois, pensando na analogia do presente, saber qual é o contexto da festa o coloca em sintonia com o ambiente.

Sabendo o estilo da festa, você decidirá também o seu modo de apresentação. Sim, pois não dá para ir a uma formatura, por exemplo, com trajes do churrasco de domingo na piscina do condomínio...

O local da entrega exige de você um formato adequado para cada ocasião. Da mesma forma, no caso de dar um feedback a alguém, o nível de formalidade acompanhará o estilo do ambiente em que encaixar melhor a mensagem.

Assim como há presentes que podem ser entregues em público, há outros que são íntimos, que pedem uma entrega em particular.

Para feedbacks também cabe essa regra, pois há os que podem e devem ser dados em público, o elogio, por exemplo, e há outros que merecem tratamento individualizado, particular, que não devem ser expostos aos demais.

Decifrar o momento ideal é crucial para a qualidade e efetividade de um feedback. Caso contrário, você será tratado como aquele penetra de festa, que chegou sem ser convidado em um espaço que os demais reprovam a sua atitude.

Infelizmente, há muitos bobalhões que usam o poder em vez de autoridade e cometem as mais desagradáveis gafes em feedbacks.

Lembre-se: não há aprendizado em feedbacks malfeitos. Fica somente o trauma e a triste lembrança de uma oportunidade perdida de ter ficado calado.

4. Escolhi! Pode embrulhar!

Feita a escolha, passamos ao vendedor a missão de embrulhar, de colocar em uma embalagem.

Há presentes que possuem embalagens próprias, que são parte do próprio presente. Uma caneta *Mont Blanc*, por exemplo, possui sua embalagem numerada, personalizada. Um anel leva na caixinha a magia da emoção desejada... Tantos são os exemplos de embalagens que hoje até já são artigo de decoração específicos.

Ao feedback eficaz, também podemos usar a mesma analogia:

A mensagem precisa ser protegida, precisa ser bem elaborada e bem organizada.

Há presentes em que colocamos várias camadas de proteção, pela fragilidade ou pela intensidade da surpresa que queremos impor ao mesmo.

Do mesmo modo, alguns feedbacks precisam ser "embalados". Introduzidos pelas palavras certas, pelas frases e tom de voz ideais, a fim de que gerem interesse em quem o recebe. Para que produza a expectativa correta no nível de curiosidade que corresponda ao que queremos transmitir.

Uma boa embalagem valoriza o presente. E ela não necessariamente precisa ser física, pois o gesto de proteger o presente nas mãos também simboliza o carinho da embalagem. Na verdade, a embalagem simboliza a forma de como o presente é oferecido.

Assim, um feedback deve ser encarado como algo a ser oferecido de coração ao outro. Por este motivo, precisa ser preparado previamente. Até para dar rosas para alguém aparamos os espinhos.

Então a embalagem simboliza a atitude, o gesto. E, no caso do feedback, representa o jeito, a forma como este foi dado.

Quantos feedbacks poderiam ter sido melhor compreendidos se fossem melhor "embalados"?

Quantos filhos teriam fixado boas memórias de seus pais ao receberem mensagens bem preparadas?

Quantos cônjuges ficariam mais unidos se suas palavras fossem mais cuidadosas e sutis em vez de secas e sem atenção?

Quantos chefes elevariam o engajamento de suas equipes se suas orientações fossem como aulas de um mestre verdadeiro?

Perceba o quanto há de similaridade entre presentear alguém e dar um feedback. E você sabe muito bem como fazê-lo.

5. Cheguei na festa! Agora vou entregar meu presente...

Bem, o ritual do presente chega ao seu ápice na entrega durante a ocasião adequada, ou seja, no momento ideal da festa. Chegar com atraso compromete a sua entrega. Chegar depois de cantarem os "parabéns" ou ao final da festa é como se você perdesse a comemoração.

Ao chegar à festa, você procura a pessoa e vai ao seu encontro, pois o interesse é seu de entregar o presente.

Da mesma forma, o feedback se processa:

Você analisou o fato que quer discutir e se tem condições de abordar este assunto, preparou seus argumentos. Agora, é preciso dar o seu feedback, portanto: chegue na hora marcada!

Há chefes que marcam reuniões com a equipe ou com alguma pessoa, adiantando que o assunto tem relação com feedback, e agem de forma cruel e irresponsável, deixando-a esperar às vezes por longos períodos, gerando verdadeiras torturas emocionais, fazendo que o medo seja o fator predominante de seu território para que as pessoas o respeitem. Triste cenário, porém é mais comum do que imaginamos!

Sabe o que acontece depois que você diz "fulano, amanhã vá até a minha sala, logo cedo, pois quero lhe dar um feedback"?

A pessoa vai para casa pensando: "O que será que eu fiz dessa vez?" Ao chegar em casa, não consegue se concentrar na família, pois fica refletindo sobre como será a conversa do dia seguinte. A pessoa nem dorme direito!

No momento da entrega do presente, precisamos oferecê-lo devidamente. Este gesto tem tudo a ver com a intenção contida na atitude de presentear.

Dar um presente a alguém de forma grosseira, entregando como se fosse uma carga, uma punição ou uma obrigação sendo cumprida, simplesmente prejudica a intenção. A entrega de um presente deve ser um ato de consagração!

Importantes e avançados estudos de neurociência relacionados à liderança mostram que a própria pergunta "eu posso te dar um feedback?" dispara um mecanismo inconsciente que já nos coloca em estado de defesa, de eventual bloqueio às mensagens. Portanto, já há evidências científicas de que o jeito tradicional de dar feedbacks tem baixa eficácia. Saber oferecer o feedback é uma arte, que aqui complementa a técnica da *escutatória*. Minha proposta é entregá-lo da mesma forma com que damos algo valioso a alguém muito querido. Neste caso, chamo de "consagrar o presente".

Isso me faz lembrar uma ocasião bem interessante que aconteceu comigo. Eu fui criado em uma família católica, e apesar de não me considerar um praticante assíduo, participei dos ritos e práticas de minha religião. Mesmo assim, não tenho o hábito de ter imagens em casa...

Bem, quando meu filho tinha cerca de 7 ou 8 anos, o matriculamos em uma turma de catecismo em nossa cidade, na qual ele aprenderia os primeiros conceitos sobre nossa religião. Acontece que certo dia ele apareceu em casa com um pacotinho nas mãos, um pequeno embrulho feito de papel de pão, pequeno até para as mãozinhas dele, e me entregou dizendo:

– Pai, isto é para te proteger lá no trabalho.

Recebi e comecei a abrir e, aos poucos, o presente se revelou: uma pequena santa!

Como disse anteriormente, não sou um exemplo como praticante na religião de meus pais, e confesso que nem sabia qual santa era a daquela imagem. Mas, para mim, ela tinha um nome: "A santa do Felipe".

Ele deve ter me visto em casa lamentando sobre o trabalho, resultados, etc., ficou preocupado comigo e pensou em algo que pudesse me ajudar a atenuar minhas angústias, me presenteando assim.

Um pequenino presente, embrulhado em papel de pão, mas valioso como nenhum outro que já recebi em toda a minha vida.

Se você um dia vier até o meu escritório, verá a "santa do Felipe" sobre a minha mesa. Ela me acompanha por onde eu vou. Mudo de empresa, mudo de mesa, mas ela estará lá. E sempre que me vejo cabisbaixo, entristecido ou desmotivado, lanço o olhar para a "santa do Felipe" e algo luminoso percorre minha alma. Pois ele a consagrou com o seu desejo mais sincero para mim, o de que eu estivesse a salvo, protegido.

A isto chamo de consagrar o presente!

Assim, quando for entregar os seus feedbacks (presentes), lembre-se da forma que o entrega, pois é esta que ficará na memória de quem recebe.

Se você consagrar com raiva, fúria ou lamentações, é disto que a pessoa se lembrará ao ver o presente. É por este motivo que tanta gente se desfaz de presentes que recebe, pois não sentem significado neles, já que não foram consagrados com sentimentos verdadeiros.

Ao feedback, é o mesmo que ocorre: se você quer que fiquem realmente fixados na memória de quem recebe, lembre-se de consagrá-lo corretamente. Uma boa entrega lhe garantirá uma excelente experiência no futuro.

Dar um feedback consagrando com ignorância, rudeza, impaciência, só deixa essas marcas em quem o recebe. Quem gosta disso?

Tenho certeza de que, como eu, você também já recebeu algo de alguém que soube como consagrá-lo a você! Pode ser que esteja agora no seu pescoço, no seu bolso, na sua agenda, na parede do seu quarto ou na estante... e ai de algum desavisado que tire do lugar... Pois você estima tanto o presente, por trazer boas lembranças, que cuida e coloca em local privilegiado, como se fosse um santuário protegido. Um local sagrado para sua lembrança...

E por que um feedback não pode ser assim? Já pensou no que as pessoas fazem com os feedbacks que recebem de você? Será que elas guardam com carinho e querem sempre se lembrar deles? Será que compartilham com os outros, como fiz aqui, e sempre faço aos que assistem meus cursos e palestras?

Ou será que descartam assim que têm a oportunidade?

Será que contam aos filhos como foi o feedback que receberam de você?

Será que, na mesa de jantar, seu nome é citado com carinho e admiração?

Ou será que desejam esquivar-se de sua presença?

Por que não damos feedbacks consagrados? Por que para dar um feedback a alguém é preciso criticá-la, reduzi-la?

Feedback bom é aquele em que há aprendizado e crescimento. Em que quem o recebe quer receber novamente, pois sentiu que é de uma fonte confiável e que adiciona valor. Bons feedbacks servem para desenvolver a pessoa, são dados no momento certo e com atitude positiva.

Há estudos científicos que mostram que saber dar feedbacks é mais eficiente do que dar promoções às pessoas na equipe. Feedbacks bem realizados são aqueles em que as pessoas sentem que aprendem algo valioso para suas vidas e carreiras. Esses estudos indicam que o cérebro de alguém com esta sensação está com a mesma área ativada de que se ela atingisse a sua melhor meta, por exemplo. Aciona e estimula o sistema de recompensa no cérebro.

Achei uma reflexão interessante, vinda do filósofo Theodore Zeldin, que diz: "Quando é que faremos a mesma incrível evolução na forma que tratamos uns aos outros como fizemos com a tecnologia?"

É disso que estou falando! Sim, a atitude é a chave! Por este motivo, garanto:

"Não existe feedback positivo ou negativo.
Existe feedback de atitude positiva e de atitude negativa"

A mensagem é a mesma. Eu posso dizer a mesma coisa, com as mesmas palavras, e o que irá diferenciar um momento do outro é a atitude que coloquei nas minhas frases. Utlizando as mesmas palavras, posso dizer algo que vai destruí-lo e oprimi-lo, ou posso dizer algo que vai impulsioná-lo para a evolução, para um novo caminho.

Tudo depende da forma, do jeito como se faz a entrega do feedback. A atitude positiva é a embalagem perfeita.

E é simples saber se agimos bem, basta observar a reação do presenteado. Sabemos quando conseguimos o objetivo. É só ter atenção aos detalhes, aos sutis sinais.

6. Registrar o momento...

Tudo o que verdadeiramente nos marca, de alguma forma, queremos registrar. Isso é parte de nossa identidade humana. O homem, desde as primeiras eras de existência, aprendeu que era preciso registrar o que ocorreu para que fosse decifrado por alguém em outro momento...

Assim fazemos ao presentear alguém. Também registramos, fazemos poses, sorrisos, sinais de felicidade que possam ilustrar boas memórias. Quanto mais relevante o momento, mais valioso o registro.

Há quem contrate pessoal especializado para isso em certas ocasiões. Profissionais estes que levam os seus equipamentos modernos, parafernálias tecnológicas de registro e captação de som e imagem. Fazem edição, impressão e publicação do conteúdo aos convidados. Para outras, fazemos nós mesmos, em nossos registros particulares, seja naquela câmera antiga ou nos celulares modernos, tudo depende do tipo de festa e do momento.

Como disse anteriormente, alguns presentes são entregues em particular e outros em público. E esse quesito também influencia na necessidade ou não do registro. Em alguns momentos, queremos dar notoriedade pública, tamanha foi a sua relevância em nossa vida. Em outros, escolhemos ficar na intimidade, pois tem significado somente a quem entrega e a quem recebe.

Com o feedback ocorre o mesmo:

Dependendo da ocasião e do tema, escolheremos o tipo de registro que faremos. Conforme o momento, podemos contratar empresas especializadas em feedbacks, consultorias que aplicam questionários (*assessments*) variados, inventariando atributos de personalidade, estilos de aplicação, formas de aprendizagem etc., e consultores que são especializados em trazer à tona sínteses de indicações para carreira e momento do profissional. Durante esses momentos, a organização faz um investimento maior, mais volumoso, esperando ser mais assertiva nos resultados.

Em outros, podemos fazer nossos feedbacks de forma simples no dia a dia. Sem maiores instrumentos de controle e medição, mas com nosso próprio recurso de trabalho, nossa agenda, nossa capacidade de interpretação do mundo e das necessidades de trabalho.

Para ambas as situações, o feedback é presente. Seja ele em um "álbum" organizado e cheio de tratamento metodológico ou em uma folha da agenda, recebido no cotidiano corporativo. Tudo é feedback!

Por hora, gostaria de registrar que tudo é feedback e, por este motivo, se foi realizado, fica registrado.

7. Entreguei, agora é curtir a festa!

A este tópico, quero utilizar o conceito de ciclos, proposto pelo professor Luiz Carlos Cabrera, um dos mais respeitados professores de executivos no Brasil. Neste conceito, aborda o ciclo como o momento da vida em que realizamos nossos objetivos. Para esse referencial, a vida é um grande abrir e fechar de ciclos e nós temos ao mesmo tempo vários ciclos abertos e precisamos aprender a conviver com eles. O ciclo do relacionamento, do trabalho, de amizades. Todos são ciclos abertos em algum momento. Contudo, em algum momento da vida, podem ser finalizados e, com este fim, devemos fechar o ciclo. O problema ocorre quando, mesmo já finalizados, não conseguimos fechar o ciclo e ficamos com ele aberto, como se ainda existisse em nossas vidas.

Pessoas que não conseguem aceitar o fim de relacionamentos e insistem a ponto de cometer de devaneios a crime, ou profissionais que, ao serem demitidos, em vez de seguirem adiante, alimentam mágoas e ressentimentos, nutrindo maus sentimentos sobre o passado, falando mal da empresa anterior, ou seja, ainda não fecharam o ciclo.

Fechar o ciclo é como se fosse um "virar a página", ou seja, tocar a vida, seguir em frente. Deixar o passado e seguir com os aprendizados colecionados. É ser grato pela oportunidade de ter aprendido, mesmo que não tenha sido muito prazerosa.

Vez ou outra ouço depoimentos de pessoas ainda amarradas ao passado em entrevistas de emprego ou mesmo nos cursos e palestras que ministro. Frases inundadas de mágoas e suspiros, cheias de "lá na empresa de onde eu vim..." ou "lá era assim...", ou seja, pessoas que, por mais que o presente já seja outro, insistem em viver o passado, deixando o ciclo aberto.

Sendo assim, abrir e fechar ciclos passa a ser um importante aprendizado a ser descoberto, sabedoria que a experiência pode nos presentear se realmente quisermos degustá-la.

Completo este raciocínio afirmando que saber fechar ciclos é sinal de maturidade, sinal de que aquela criança que chora por não ter mais o brinquedo, agora já decidiu silenciar-se e interessar-se por uma nova brincadeira. Ou seja, ficar reclamando do passado é atitude infantil, imatura, ou como diriam os irmãos mais velhos, atitude um tanto "mimada".

Tenho certeza de que você deve conhecer vários "mimados" assim no seu local de trabalho. Ou pode ser que até seja um deles.

Há ciclos grandes, como relacionamentos, trabalho, amizades. E há ciclos menores, como projetos, tarefas, atividades do cotidiano. Todos são ciclos que em algum momento abrimos. E, como estamos em sociedade, inevitavelmente esses ciclos estão preenchidos por pessoas que nos acompanham. Seja o chefe que lhe designou a tarefa, seja o colega de trabalho que divide etapas do processo, enfim, vários são os momentos de conexão dos ciclos.

Saber dar e receber o feedback, neste momento, é um ato de saber o momento de fechar o ciclo. Há chefes que adoram dar longos e prolixos feedbacks para a equipe ou para algum membro dela e, alguns dias ou meses depois, quando todos já tinham superado o fato, retomam o assunto trazendo à tona todos os fantasmas do passado. Ou seja, o ciclo ainda não tinha sido fechado!

Há pais e cônjuges que tratam um assunto em um momento. Discutem, debatem, proferem termos dos mais variados níveis até finalizarem a conversa. Mas que um dia, do nada, decidem voltar a sofrer com aquilo que já deveria ter sido superado. Ou seja, o ciclo não foi fechado.

Por este motivo, registro aqui: "Deu seu presente, vá curtir a festa!"

Sim, vá curtir a festa. A vida continua. Deu seu feedback a quem deveria receber, agora siga adiante, feche o ciclo, pois há muito ainda a aprender e evoluir. Somos humanos incompletos e em constante aprendizagem, portanto, continue a sua caminhada.

Vá adiante com o projeto, atividade, tarefa, pois, se você deu o presente que deveria ser dado, ou seja, se disse o que deveria ser dito, então agora aproveite o aprendizado e continue o seu trabalho. Siga em frente!

Chega de ficar remoendo e ruminando o que já deveria ter sido esgotado, digerido. Chega de ficar trazendo à tona fatos que já tinham sido negociados e acordados no feedback passado. Feedbacks existem como forma de correção do rumo ou mesmo para manter o ritmo atual, são indicadores de tomada de decisão, ou seja, se usou o indicador que deveria ser usado no momento certo, então agora é partir para o próximo.

Feche o ciclo e siga em frente, curta a festa!

Há uma festa de aprendizados acontecendo lá fora e você foi convidado para ela. Então, aproveite. Divirta-se, seja no seu trabalho, na sua casa, família ou comunidade. Se você se preparou, escolheu adequadamente as palavras certas, o momento certo, o tom de voz adequado, o lugar ideal e entregou tudo isso do melhor jeito que seu coração mandou, então, curta a festa!

Como será que você tem sido lembrado pelos que o rodeiam? Será que lembram com gratidão? Ou será que a memória acompanha um alerta?

Há um ditado popular que diz:

"Quanto mais vazia a carroça, mais barulho ela faz."

Como será que a sua carroça é vista? Será que há conteúdo nela? Será que as pessoas se interessam neste seu conteúdo? Será que é uma boa fonte? Será que o que recebem de você é algo de valor para a vida, para a carreira e para o caminho?

Pense nisso, pois conforme for a resposta que encontrar, algumas chaves para melhorar os seus feedbacks estão começando a ser descobertas, basta você decidir usá-las e abrir a porta da mudança.

II - Não recebi presente algum!
E agora?

No conteúdo anterior, percorremos o caminho de dar feedback (presente), do ato de entregar, de oferecer o que há de melhor em você para melhorar o outro, conforme a sua intenção.

Vimos que é a atitude que importa, que ela diferencia um bom feedback de um péssimo. Você pode refletir também na afirmação que faço em que não há feedback positivo ou negativo, há, sim, feedback com atitude positiva e feedback com atitude negativa.

E em uma analogia simples, comparando dar um feedback a dar um presente, avançamos em alguns passos desde a escolha do "presente", ou seja, das palavras corretas ao momento, jeito e execução ideais para obter os melhores resultados com feedback.

Mas há um outro lado que precisamos explorar, o fato de que você também pode não receber nada, presente algum!

Sim, se a vida for comparada à festa ou comemoração em que todos somos convidados, pode ser que você receba presentes, seja lembrado, com mais ou menos carinho, porém pode ser que não receba nada de alguns. E o que isso significa?

Para ilustrar isso, vou relatar um episódio que sempre conto em meus cursos e palestras. Como viajo com bastante frequência a trabalho, uso muito as redes sociais para manter contato com minha família e amigos. Isso faz minhas noites serem menos solitárias nos quartos de hotéis por onde passo.

Em uma dessas estadas, certo dia uma amiga que há muito não encontrava chamou-me usando uma das redes sociais que mantenho.

Conversamos sobre vários assuntos, filhos, governo, viagens etc. E, como tínhamos trabalhado juntos no passado, perguntei sobre o seu trabalho, de uma forma mais profunda, questionando se estaria feliz.

Imediatamente, ela respondeu:

– Ah, isso posso dizer que não!

Como aguçou a minha curiosidade, continuei:

– Mas por quê?

Ela respondeu:

– Sabe, Rodrigo, estou faz três anos trabalhando lá e até hoje não recebi um feedback do meu chefe!

Em seguida, mais do que pronta, ela começou a teclar várias frases de desabafo, dizendo que seu chefe era isso, que a diretoria era aquilo, que os colegas eram ruins, que os processos eram falhos... Escreveu várias linhas como se precisasse de um mural para registrar todas as suas insatisfações com o trabalho.

Quando percebi que ela estava parando, eu escrevi:

– A ausência de feedback também é um feedback!

Houve uma pausa nas "falas" dela. Uma pausa que estendeu-se tanto, que pensei até que a conexão havia sido perdida. Ela ficou em silêncio.

Depois de alguns instantes sem resposta, tive que perguntar se ela ainda estava on-line e imediatamente ela respondeu:

– Sim, estou tentando processar o que você acabou de me dizer!

Eu comecei a explicar melhor o que disse.

Será que as pessoas não o procuram para dar os seus feedbacks por culpa somente delas? Será que é 100% maldade com você? Ou será que você pode ter responsabilidade nisso?

Será que em algum momento até tentaram dizer ou mostrar algo, mas você foi, de alguma forma, refratário à mensagem?

Será que você se mostra uma pessoa aberta ao feedback? Será que as pessoas sentem isso? Será que se sentem confortáveis em serem francas com você?

Pode ser que, em algum momento, tenham visto sua reação frente a alguma crítica ou erro e tenham ficado temerosas em procurá-lo, seja para confirmar ou para discordar de sua opinião. Será que poderia ser isso?

Ela me respondeu:

– Rodrigo, nunca tinha pensado sob este ângulo...

Aproveitei e disse a ela:

– Se você ler o que escreveu para mim nas linhas de nossa conversa hoje, verá que há muito mais informações sobre como "eles" são, do que relatos de como "você" é com eles. Perceba que é como se seu dedo indicador estivesse sempre apontado a todos na empresa, ao chefe, aos colegas, aos processos... mas nada apontando a você. Será que o problema está com eles ou com você?

Ela me disse:

– Essa, sim, é uma pergunta importante.

– E o que é a vida, senão uma busca constante por respostas? – Completei.

O que posso dizer é que, a partir de agora, preste atenção em sua postura, preste atenção em como reage diante das circunstâncias. Pois as pessoas prestam atenção em suas atitudes, talvez falte somente você fazer isso! Os outros já têm uma impressão sobre suas atitudes e já formaram uma opinião a respeito. Agora, restam-lhe duas opções: continuar do jeito que você sempre foi e continuar sem receber, ignorar os feedbacks que tem recebido, ou mover-se em direção a eles a fim de descobrir as mensagens que estão escondidas ou ocultas e torná-las momentos de aprendizado.

Por isso digo que, se você não recebe seus feedbacks, seus presentes, não chore! Lembre-se de que uma criança chora ao não ter o brinquedo que queria possuir, pois o desejo e aceitação ainda é algo que está aprendendo em seu crescimento.

Partindo deste princípio, quando ouço um adulto reclamar de que não recebe feedbacks dos colegas, do chefe, pares etc., para mim nada mais é que alguém que ainda não atingiu maturidade o suficiente no caminho. Vive como uma criança dengosa que reage chorando por não receber o que acredita ser seu "direito".

Sim, a todo momento recebemos feedback, por este motivo proclamo aos quatro ventos:

"Tudo é feedback."

Até mesmo a ausência de feedback, pois, neste caso, recebemos um retorno de que algo precisa ser corrigido na nossa forma atual de recebê-lo. Tudo é feedback, repito, seja quando recebemos ou quando não recebemos, sempre há uma mensagem que podemos tirar deste evento. Basta querer aprender com ela.

Quer um bom indicador? Comece a atentar-se em quantas vezes as pessoas que convivem com você o procuram de forma espontânea para dar seus feedbacks (presentes).

Pode-se pedir feedback? Claro que sim, mas esteja ciente de que, ao pedir, você renuncia a receber a atitude voluntária. Se você teve que pedir, há algo a aprender com esta situação. Procure prestar atenção em suas atitudes, na sua postura, na sua habilidade de escuta. É possível que você precise rever alguns comportamentos, especialmente ao receber seus feedbacks. Pedir um feedback não é errado ou inadequado, contudo, ser abordado por alguém que quer lhe dar um feedback, tem sim um imenso significado.

Quando realmente gostamos de alguém, queremos ver o bem dessa pessoa, queremos que ela esteja em paz e feliz. O genuíno interesse por alguém faz com que nossa iniciativa prevaleça, procuramos fazer o que pudermos para ajudar sem que tal pessoa peça.

É disso que estou tratando em relação ao feedback e sua ausência. Pois se não há o interesse em dar o feedback a você, pode ser um problema com os outros? Sim, pode! Mas também pode ser algo que precisa ser corrigido em você! E posso afirmar, sem a menor sombra de dúvida, que você pode não conseguir mudar os outros, mas pode, sim, mudar a você.

Preste atenção no que você pode começar a fazer. Quer receber feedbacks bons? Então comece a dar bons feedbacks. Quer receber de forma espontânea? Presenteie as pessoas ao seu redor com bons feedbacks em momentos que elas nem imaginaram receber. Surpreenda! Os melhores presentes vêm de momentos supreendentes.

Sabe aquele colega que é isolado dos demais, inclusive por você? Já parou para observar o porquê? Será que é por ser uma má pessoa? Tenho minhas dúvidas. Ou será que é porque ninguém ainda tentou conhecê-lo melhor?

Sabe aquele chefe que vive estressado? Já parou para pensar no motivo? Será que você suportaria a pressão que ele ou ela suporta? Será que teria o estômago para realizar as ações que realiza?

É muito fácil criticar, quero ver mudar a direção das críticas. Será que o que você não tem hoje pode ser fruto do que não plantou ontem? Lembre-se:

"Plantar é opcional, mas colher é obrigatório!"

Ao falar que não recebe seus feedbacks, passa-se a dar valor à falta, e nela você concentra a sua energia. Vire o disco! Mude o discurso! Siga em frente!

Se posso lhe dar alguma dicas do que tenho aprendido no caminho é: aprenda com tudo!

Se recebeu um feedback (presente), agradeça! Você pode não gostar do que ganhou, e isso é compreensível, mas é seu! Veio para você, somente a você pertence. Reflita sobre o que recebeu. Se for útil, use. Caso contrário, escolha o que fazer com ele e seja feliz.

Se não recebeu, também agradeça! É uma oportunidade que você está tendo de conhecer melhor o que está ao seu redor. Talvez precise aprender mais sobre a cultura da empresa, interessar-se mais pelos demais, dedicar-se a dar seus feedbacks primeiro antes de exigir recebê-los.

O mesmo podemos dizer em casa. Há pais, filhos, cônjuges que escolhem ignorar os feedbacks que recebem ou que deixam de receber. Pena que só dão valor quando perdem.

Pesquisas apontam que pessoas próximas do momento da morte ao serem questionadas sobre o que gostariam de ter feito quando podiam, respondem: "Interessar-se mais pelos meus". Ou seja, percebem que ao deixar de lado os feedbacks, recebidos ou não, resta-lhes somente o arrependimento.

Pais conheceriam melhor o mundo de seus filhos se passassem a se interessar pelos feedbacks que recebem ou que deixaram de receber deles.

Maridos e esposas, companheiros e companheiras, viveriam mais harmoniozamente se dedicassem mais tempo em aprender sobre feedbacks.

Quer receber feedbacks do seu chefe? Comece você a dar feedback! Será que seu chefe não possui alguma qualidade a ser elogiada, por exemplo? Sua dedicação ao trabalho, à empresa, amor aos filhos... Se você interessar-se um pouquinho, com certeza descobrirá um presente que ele ou ela gostará muito de receber. Quem sabe esteja aí a chave que você precisava para passar a receber feedbacks dele?

Tome a iniciativa e faça você! Mostre aos demais como é bom saber dar o feedback de forma correta e construtiva. Bons feedbacks têm a ver com a forma, com o jeito.

Acredito que todos recebemos de volta a energia que emitimos. Tudo o que está acontecendo conosco neste momento, de alguma forma, fomos nós que atraímos ao nosso convívio. Seja por ação ou por omissão, recebemos de volta o que é nosso.

Sendo assim, comece a analisar a sua colheita. Perceba os sinais ao seu redor, os resultados obtidos. Repito, tudo é feedback!

Se você não tem recebido os seus, quem sabe seja uma mensagem de que você precisa conseguir uma visibilidade diferente, precisa ser percebido ou percebida. Lembre-se de que quem dá valor é o cliente. Não adianta propagar em todos os corredores que você tem valor, são as pessoas que identificarão e retornarão o valor que definirem. Portanto, construa seu valor.

Gratidão, respeito e compaixão são virtudes importantes que fortalecem laços entre as pessoas. Basta praticá-las e verá a mágica acontecendo.

Para poder receber é preciso estar aberto. Gosto da simbologia que trata os braços como se fossem "antenas" captando as energias. Se você se fecha (como se ficasse com os braços cruzados), contendo o conhecimento só para você, suas antenas não conseguem receber nada, pois você as fechou. Prefiro a simbologia dos braços abertos, com as palmas das mãos visíveis, prontas para doar o que possui. Essa simbologia cabe ao nosso assunto, pois se quer receber, primeiro precisa doar, contribuir, compartilhar.

Quem sabe você ainda não esteja recebendo porque as pessoas ainda não viram você dando seus feedbacks de forma consistente e positiva?

Você pode até me dizer que não dá seus feedbacks porque nunca ninguém lhe deu. Então, eu lhe diria que você está pagando nada com coisa nenhuma. Talvez sua missão seja dar o primeiro passo em direção ao bom destino.

Como receber o presente?

Cientes de que tudo é feedback e que não se trata de feedback positivo ou negativo, mas sim de atitude positiva ou negativa, o que temos em mãos é o aprendizado conquistado. Aprende-se com o que recebemos e com o que não recebemos. A única certeza é a de que há aprendizado nas duas formas.

Só em considerar que há aprendizado sempre, já é uma forma diferente de encarar o feedback (presente) recebido. Não importa se você gostou ou não, se veio para você, é seu!

Em meu caminho, certa vez o presidente de uma das empresas em que trabalhei reuniu nossa equipe e nos deu um importante feedback sobre nossa imagem. O que me marcou foi como ele começou sua fala, pois disse-nos:

– Feedback não se contesta. Feedback ouve-se!

Isso fez com que todos os imaturos de plantão aquietassem seus lamentos e, desde o início, ficassem em silêncio para receber a mensagem.

E posso dizer que a mensagem não era nada fácil de ouvir, mas ele foi perfeito na forma e ficamos superagradecidos por ter nos alertado. Lembro que, a partir disso, fizemos uma verdadeira revolução na organização, promovemos fortes e impactantes mudanças que reverteram os nossos resultados para melhor. Tudo isso porque recebemos o feedback de forma madura e consciente.

Nem sempre receberemos mensagens agradáveis e positivas. E precisamos estar prontos para isso. Lembre-se de que nem só de sabores doces é feita a vida. Há também o salgado, o azedo, o amargo. Sabores que complementam-se e que, em determinado momento, são fundamentais para um bom paladar.

Seguindo esse raciocínio, não há como dar valor no doce antes de saber o que é o salgado ou o amargo. E assim por diante. Sendo assim, o que importa é a experiência, o fato de poder conhecer o diferente aprendizado.

Assim, se o gosto do feedback recebido não lhe agrada, tente interpretar o contexto. Pergunte-se: "Por que este feedback veio até mim? Quais são os sinais que tenho emitido e que estão trazendo esta mensagem?"

Lembre-se de que podem ser atos ou omissões, a vida é como um eco, sempre retorna à origem o som que foi emitido. Desta forma, talvez uma boa pista seja descobrir qual a origem e qual a causa, ou seja, o centro da mensagem.

Já vi muita gente reagir de forma vitimizada e até agressiva ao receber feedbacks com os quais discorda. Protegem-se, tentando argumentar e justificar, muitas vezes culpando a outros ou às circunstâncias. Protagonizam cenas de lamentos ou indignações.

É claro que nem sempre os portadores das mensagens de feedback eram preparados para isso. Em geral, escolhiam momentos desastrados de conversas com baixa objetividade e pouco resultado. Então imagine o tamanho do problema no encontro entre um imaturo em dar o feedback com um imaturo em receber. Normalmente, resultam em sessões lamentáveis de trocas de farpas e acusações.

Por este motivo, o feedback é tão estigmatizado. Os despreparados em oferecer o usam como forma de mostrar poder. Os imaturos em receber o utilizam como momento de lamentação e vitimização.

Ao receber um feedback, aprenda algo com ele. Chega de lamentar, culpar o colega, a área do vizinho, o governo, a maré, a falta de chuva. E passe a assumir a sua parcela de responsabilidade.

Como já disse nos capítulos anteriores, aja como protagonista, responda pelo seu quinhão de responsabilidade nos resultados, ouça atentamente e descubra por que esta mensagem veio até você. Pode ser que ela não tenha vindo da melhor maneira, mas até isso é um feedback para você!

Há algumas dicas que registro a seguir e que podem o ajudar a absorver e aprender com os feedbacks recebidos:

1. Conheça as suas tendências

Você está recebendo feedback o tempo todo. Então, mantenha atenção sobre os padrões de comportamento que tem adotado na vida. Você tende a ouvir e prestar atenção no contexto, nos fatos? Como você reage ao ser criticado ou a receber algum conselho? Qual tipo de pergunta ou assunto dispara em você as reações que dificultam em ouvir? Há pessoas que só de ouvirem "não leve para o pessoal, mas..." começam a ter reações emocionais internas que podem bloquear totalmente a mensagem. Mudam o tom de voz, cruzam os braços, respiram fundo, olham fixamente nos olhos da outra pessoa, ou seja, adotam padrões negativos de comportamento, dificultando a escuta ou o aprendizado.

Comece a prestar atenção naquilo que pode desencadear em você um conjunto de reações de proteção, de bloqueio emocional. Saber os seus padrões pode o ajudar a controlar as reações, a respirar melhor, a conter a tensão e captar melhor a mensagem.

Lembre-se de que, por mais desastrado que seja o feedback dado pela outra pessoa, esta mensagem veio para você através dela. Procure "desembalar" este presente e descobrir o que realmente lhe serve.

2. Separe o "o que" do "quem"

Se o feedback é sempre uma mensagem, não deveria importar quem lhe ofereceu, mas importa. Quando há algum contexto negativo no relacionamento, tudo isso vai junto com o conteúdo e o com contexto. Adicionando ainda quando ou o lugar onde o feedback foi realizado, ele pode agir como um "curto-circuito" no aprendizado.

Lembre-se de que as mensagens virão até você através de diversos meios. Pode ser que seja sua equipe, seus pares, chefe, família, filhos, clientes etc. O foco é a mensagem, procure descobrir o que você precisa aprender com aquilo que recebeu.

3. Organize-se para aprender sempre

Há feedbacks que lhe indicarão notas ou padrões de desempenho em forma de escalas numéricas. Existem outros que mostrarão o que você pode melhorar ou continuar fazendo, são os que chamo de "oportunidades de aprendizagem". Ambos são necessários.

Reconhecer e distinguir um do outro nem sempre é fácil. O ato de receber uma sugestão de alterar uma forma de realizar um trabalho, por exemplo, pode ser entendido como uma crítica negativa, como uma desaprovação, por mais bem-intencionada que seja.

Se você conseguir direcionar sua energia para descobrir a oportunidade de aprendizagem, poderá perceber fontes importantes de como brilhar mais e conquistar mais espaço. Ficar remoendo e ruminando a crítica só tira sua energia e a desvia para o que não lhe impulsiona à alta performance. Busque o que você pode aprender com isso.

4. Desembale o presente

De imediato, nem sempre é fácil definir se o feedback é útil a você naquele momento. É importante saber analisá-lo e isso, às vezes, leva algum tempo.

Uma dica é pedir a quem lhe ofereceu o feedback que diga os fatos que observou para que ilustrem melhor a você o que significa a mensagem dada. Por exemplo, uma pessoa ao ouvir um conselho sobre precisar ser mais assertivo de um colega ou chefe, pode compreender melhor se ouvir exemplos de fatos em que poderia ter agido dessa forma. O conceito de assertividade pode ter diversas nuances, em que, para alguns, tem a ver com as palavras proferidas, para outros, tem relação com sorrir ou não, ou com a busca de resultado rapidamente etc.

Fazendo essa análise do feedback você descobrirá o quanto é válido ou não para você o presente recebido.

5. Busque seus feedbacks

Ficar esperando seus feedbacks pode ser cansativo, principalmente em um mundo onde as pessoas têm tantas distrações e pouco preparo para comunicarem-se com efetividade. Sendo assim, é importante estar disposto a aprender a todo momento e treinar a sua sensibilidade para descobrir feedbacks, mesmo sem recebê-los formalmente.

Há empresas em que os processos de avaliação de desempenho possuem datas fixadas. O que temos visto é que cerca de 60% dos gestores falham em cumprir prazos nestes processos, ou seja, procrastinam ou não se importam em fazê-lo. Vemos também que mais da metade das pessoas que participam destes processos definem o resultado recebido como injusto ou falho.

Por este motivo, afirmo, aprenda a descobrir os seus feedbacks a todo momento. Se você quer receber, experimente dar os seus feedbacks. Ofereça-os de forma gentil e genuína aos que convivem com você. Quanto mais bondade espalhar em forma de feedbacks, aumentam as suas chances de receber na mesma intensidade.

Ficar esperando pode não trazer bons resultados, servirá somente para adiar o que você já sabia e temia procurar.

Isso não significa que você precise ficar pedindo feedback a todo momento. Usando a analogia do presente, imagine como se torna inconveniente (chata) uma pessoa que fica pedindo presentes a todo momento. Receber um presente merecido tem, certamente, maior valor que um vindo após um pedido.

6. Experimente o presente recebido

Recebeu seu presente? Antes de decidir que não lhe serve, seria importante experimentá-lo, certo? Não custa nada experimentar, observar como ficaria, sentir se pode ser útil em alguma ocasião. Aquela camiseta pode ser que não sirva para um passeio, mas pode ser útil se usada dentro de casa, ou aquele casaco, se combinado com outro adereço, pode ser usado em algumas reuniões de família, por exemplo.

O mesmo pode ser para um feedback. Ao recebê-lo, por mais que possa parecer que não tem nada a ver com você, não custa nada tentar colocar em prática, nem que seja em pequenas doses ou partes. Pode ser que, à primeira vista, aquele conselho ou crítica soe inútil ou inapropriada. Mas será que é?

Sei que também recebemos alguns presentes realmente inadequados e desastrados. A estes, você imediatamente saberá qual destino dar. Mas, se houver alguma chance, mesmo que pequena de um dia ser útil, avalie se é possível tentar. Pergunte-se: por que não testar?

As dicas anteriores podem ajudá-lo a avaliar o feedback recebido e tentar aprender algo com ele. Quanto mais focar na mensagem, mais aprendizado colherá da caminhada. A escolha é sua: receber o feedback e buscar aprender com ele, ou descartá-lo.

O que posso dizer é que a mensagem irá até você, sempre. Basta manter a percepção ligada.

A escutatória no dia a dia

Certa vez fui acionado por diretores de uma das empresas em que trabalhei para dar apoio em um caso que estava ocorrendo em uma de nossas unidades de negócio. Vários eram os problemas, como metas não alcançadas, alta rotatividade de profissionais, queixas constantes de relacionamento, reclamações de clientes no mercado... Ou seja, um cenário típico de crise organizacional.

Lembro que ouvi destes os diretores: "Professor, precisamos de ajuda lá! Há um grave problema de comunicação..."

Em geral, é assim mesmo que pensamos. Em primeira instância, a comunicação é relatada no problema, mas posso lhes garantir que é o inverso disso. A comunicação fará parte da solução, o problema, na maioria das vezes, está na atitude das pessoas envolvidas. E, neste caso, das lideranças.

Perguntei a esses diretores o porquê de ser a comunicação o maior problema que identificaram, e me relataram que ouviram diversas vezes de vários colaboradores diferentes daquela unidade, a seguinte frase: "A gente aqui não fica sabendo de nada!"

Vou lhes contar minha estratégia de trabalho. Programei para visitar a unidade e passar alguns dias lá. Chegando no local, acessei a recepção e estava vazia... algo incomum para uma recepção, pensei, mas continuei a percorrer os corredores até encontrar alguém. Até que consegui ser avistado por um dos gestores locais, que já me conhecia e veio ao meu encontro. Muito receptivo, ele me levou até uma sala onde todos os gestores da unidade estavam em reunião.

Quando entrei na sala, fui muito bem acolhido por todos. Apesar de ter interrompido a reunião, prontamente se puseram a me cumprimentar e a me ajudar com a bagagem. Procurei uma cadeira na lateral da sala e disse a eles que continuassem sua reunião, que eu ficaria ali no canto, olhando meus e-mails...

Assim, silenciei-me e, a partir deste momento, começaram a surgir os sintomas da dita "falha de comunicação" da unidade: durante a reunião, eram apresentados em um telão, os resultados do período, e os gestores relatavam os motivos, problemas, necessidades etc... Até aí, nada de novidade. Mas o que logo chamou minha atenção era a forma, o interesse de alguns dos participantes. Ora atendendo ligações no celular dentro da própria sala, ora desviando o assunto, ora escrevendo ou mexendo no computador... atitudes típicas de desinteresse total no que está sendo dito ou apresentado. Procurei sair e entrar na sala várias vezes, só para ver se isso afetaria a reunião, mas também não mudou nada...

Não foi preciso muito esforço para descobrir que realmente, nesta unidade, havia um comum – mas sério – problema de comunicação, ou seja, se os gestores têm dificuldade em compartilhar suas ideias, o que diremos de suas equipes?

Essencialmente, a comunicação é o grande desafio nos dias atuais. Ou seja, tornar comum uma mensagem. Quantas e quantas oportunidades perdemos ou deixamos de ganhar por termos falado mais e escutado menos?

Tenho procurado aprender a cada dia com essa pergunta. No caminho, tenho encontrado várias pessoas muito inteligentes, mas pouco hábeis em escutar verdadeiramente, ou seja, que não praticam o poder da escutatória.

Escutatória é a AÇÃO de colocar-se totalmente em direção à mensagem e à pessoa com quem está falando. Significa escutar com ouvidos, olhos e coração, enfim, com todo o ser focado na mensagem e na sua origem.

Há aqueles que reclamam de não ter tempo para ouvir, mas são os mesmos que sempre encontram tempo para resmungar pelos cantos dizendo que ninguém lhes ouve!

Existem também aqueles que adoram exigir atenção, mas que pouco se importam quando alguém lhes dirige a palavra.

Se você atende o telefone no meio de uma conversa, se fica olhando a tela do computador ou da TV enquanto alguém lhe diz algo... Avalie como está a sua escutatória! Talvez poderia ter evitado muitos problemas ou falhas de comunicação na sua vida.

Líderes conheceriam muito melhor suas equipes se utilizassem a escutatória. Pais mergulhariam no mundo de seus filhos se a escutatória fizesse parte dos rituais familiares. Filhos evitariam muitas bobagens se a prática da escutatória habitasse suas vidas.

O truque é praticar um pouquinho mais todos os dias. Sei que nem sempre é tão fácil assim. Cada vez mais somos bombardeados de imagens, sinais e interrupções que nos distraem e tiram nossa atenção. Contudo, para aquilo que realmente queremos, sempre damos atenção.

Outro exemplo que posso registrar aqui foi quando participei da devolutiva do resultado de um processo de avaliações de estilo de liderança de uma equipe de líderes. Suas equipes responderam a um formulário sobre situações do cotidiano com seus respectivos gestores. Apesar de os líderes saberem que suas equipes foram convidadas a participar, o processo garantia a confidencialidade das respostas, ou seja, não havia identificação dos respondentes.

Antes de entregarmos os resultados aos líderes avaliados, fizemos todo um trabalho de preparação e explicação sobre os fundamentos metodológicos que empregamos, formas de interpretação dos gráficos e orientações para os próximos passos. Até aí, o clima da sala era tranquilo, contudo, com alguma ansiedade, totalmente natural pelo processo.

Enfim, entregamos os resultados e advinhe: mais da metade da sala ficou perplexa com o resultado. Aliás, posso dizer que cerca de 75% dos líderes participantes tiveram surpresas ao receberem seus relatórios.

Nos primeiros minutos, houve um silêncio profundo na sala e, aos poucos, algumas reações começaram a surgir. Os mais racionais começaram a analisar os dados das estatísticas, e os mais emocionais reagiam ora rindo, ora lamentando...

Com o passar do tempo, as reações foram tomando uma amplitude maior. A primeira mais forte foi a negação. Recebemos questionamentos como:

"Ah, acho que minha equipe não entendeu direito as perguntas."

"Acho que tem algo errado aqui."

"É possível auditar este processo?"

Depois, houve outras reações como:

"É assim mesmo! A gente faz de tudo por eles, e recebe isso!"

"Bando de ingratos."

"Nada como um dia após o outro."

"Eu acompanho, fico perto, dou tudo o que pedem... a gente acha que está agradando, mas na verdade recebe isso!"

O tempo passava, e alguns começavam a conformar-se:

"Bom, já que o resultado é esse, fazer o quê?"

"O negócio é seguir em frente, né?

Mas, até o final da atividade, ainda restaram alguns inconformados que, exaltados, insistiam em atuar de forma a revidar o resultado recebido com sua equipe. Foi neste instante que fiz a seguinte pergunta:

– Meus amigos, quero deixar uma reflexão aqui. Se sua equipe teve que usar um instrumento que garante confidencialidade do processo para dar algum feedback, algo está errado, não? Por que será que não se sentem confortáveis em falar diretamente a você? Será que o problema está com eles? Será que eles têm realmente abertura para falar? Será que já tentaram e, de tanto não serem ouvidos, desistiram? Por que será que somente quando perceberam uma oportunidade protegida pela confidencialidade, o fizeram?

Acho que tudo isso precisa ser analisado além do resultado.

Aos que possuem conversa franca e aberta, tenho certeza de que não há surpresa alguma. E acredito que até ficaram felizes com o resultado.

Só podemos mudar aquilo que temos consciência e controle. Assim, se você quer atingir resultados diferentes, que tal tentar atitudes diferentes?

Há pessoas que não deixam o outro falar. Há aqueles que até concluem a frase do outro, antes que este consiga fechar o raciocínio. Estes ansiosos perdem a oportunidade de ouvir e invadem o espaço do outro.

Sabe qual a variável que ninguém aceita perder? O tempo! Você fica horas andando pelo supermercado, passeando pelos corredores com o carrinho de compras. Mas, na hora de pagar, quer encontrar a menor fila. Ninguém quer perder tempo!

Quando uma pessoa desiste de falar com você, em grande parte, é porque ela já decidiu que é uma perda de tempo tentar explicar algo, pois você nem ouve! Perceba como isso é sério.

Quando sua equipe de casa ou do trabalho já crê que é uma perda de tempo contar determinados assuntos, posso dizer que você está em apuros e ainda nem percebeu!

Depois, não se espante quando resultados indesejados aparecerem.

Somos os únicos responsáveis pelas escolhas que fizemos. E isso vai desde a não atender o celular ao dirigir ou durante uma conversa na equipe; assistir TV no meio de uma conversa na família; insistir em ler os e-mails enquanto alguém da equipe lhe mostra algo...

Os exemplos de escutatória são vários e tenho certeza de que você já se deparou com algum.

Uma professora, a quem tenho grande estima, um dia me disse:

"Um verdadeiro líder tem que ser capaz de ouvir os sons inaudíveis da floresta. Por exemplo, o som da aranha fazendo a teia!"

Achei essa frase sensacional e, para mim, ela sintetiza muito bem a escutatória, na qual somente aqueles que realmente se debruçarem à causa de ouvir conseguirão perceber os verdadeiros detalhes, apesar de todas as distrações e sons confusos disponíveis no ambiente. Ouvir o som da aranha fazendo a teia!... Isso não é para os distraídos e fracos ouvintes.

Praticar a escutatória é um exercício que exige atenção, foco, disciplina e dedicação. Esforço que nem sempre as pessoas estão dispostas a realizar. Assim, se isso faz algum sentido a você, este é o meu convite: pratique a escutatória! Sua vida está repleta de chances, basta querer! Tenho certeza de que em muito pouco tempo estará ouvindo os sons inaudíveis da floresta. Descobrirá um mundo que existia e que você desconhecia. Um mundo onde você habitava, mas que ignorava – sei que involuntariamente, mas ignorava.

Quando virarem a cadeira para falar com você, direcione o corpo e o olhar. Um gesto simples assim faz milagres!

Sua TV permanece ligada nas refeições em família? Experimente desligá-la e investir em ouvir os sons da mesa. Nos primeiros dias, haverá uma resistência, principalmente se sentem que é uma perda de tempo conversar entre si. Mas, se insistir, pacientemente, e começar a ouvir de verdade, aos poucos, o hábito mudará.

Se seu celular ficar ligado durante reuniões com sua equipe, pode atrapalhá-lo. Se realmente precisa dele, ao menos silencie-o. Mas dedique o tempo da reunião para de fato ouvir as propostas de soluções que os outros têm a dizer.

Simples assim. Basta ter um pouco de vontade e, com um passo a cada dia, você colocará a escutatória na sua vida.

É obvio que você não precisa deixar de assistir à TV, ou de atender suas ligações, ou distrair-se. Lembre-se de que a diferença entre um remédio e um veneno é a dose! Cuidado com os exageros, seja pela falta ou pelo excesso.

Espero que a escutatória o ajude a abrir melhor os portões do seu caminho e que, nesta nossa jornada, sua atenção esteja voltada para o destino que realmente definiu.

"Quem tiver ouvidos para ouvir, que ouça!"

Jesus de Nazaré, Evangelho de Mateus, 13:9

A sinceridade

Você já deve ter tido experiências em seu caminho com a sinceridade. Costumo dizer que a sinceridade é um valor muito versátil, pois a percebemos tanto na presença quanto na ausência. Por mais doloridos que possam ser os efeitos da sinceridade, ainda assim, ela é valorizada.

A história desta palavra traz um significado interessante. Sinceridade vem do latim *"sin cera"* (sem cera):

Diz-se que quando as colunas de sustentação de templos e construções antigas apresentavam alguma trinca e rachadura, estas eram retocadas com cera. Isso fazia com que elas deixassem de mostrar a imperfeição da obra. Ou seja, aquelas que eram originais, eram as *"sin cera"*.

Desde então, o termo "sincero" denota aquele que não esconde as imperfeições, que não oculta o imperfeito.

Importante perceber que este valor é irmão da transparência, pois ambos destacam a clareza das relações. Relacionamentos sem transparência e sinceridade tendem a ser muito frágeis e sem valor. Conviver com alguém que esconde algo é muito frustrante e improdutivo e, por que não, perigoso!

Há um elemento muito importante que torna a sinceridade ainda mais bela e valorizada. Este elemento se refere à forma, ao jeito, à maneira de como é aplicada. Aqui, incluo a "sutileza".

A sutileza torna a sinceridade polida, educada, cortês e brilhante, pois destaca a inteligência de quem a pratica.

Em meu caminho, tenho encontrado pessoas sinceras, mas conheci poucas que são sinceras e sutis. Sinceridade sem sutileza é como um elefante diante de uma cristaleira: pode ser um desastre se mal administrada.

A falta da sutileza empresta à sinceridade os adjetivos de aspereza, rudeza e inconveniência, apesar de, ainda assim, ser preferível à mentira. Contudo, ao combinarmos sinceridade à sutileza, teremos maiores benefícios pela atenção a detalhes.

Quantas equipes poderiam ser mais energizadas por seus líderes se estes utilizassem mais a sinceridade sutil em seus feedbacks? Quantas vendas poderiam ser potencializadas se os vendedores utilizassem esta arte com os clientes? Quantos pais teriam maior respeito de seus filhos se praticassem o exemplo da sinceridade sutil? Quantos relacionamentos seriam mais verdadeiros e duradouros se as verdades sempre fossem ditas de forma mais respeitosa, mais humana?

Certa vez ouvi: "Eu falo tudo mesmo, na cara!" Acredito ser importante isso: dizer o que é preciso ser dito! Valorizar a verdade diretamente a quem deve conhecê-la. Contudo, tenho aprendido que é igualmente importante ser responsável com as palavras, pois estas não voltam.

Utilizar a sutileza com a sinceridade é uma arte de combinar palavras, tom de voz, olhar e gestos. Um caminho percorrido com a verdade é mais bonito se cercado pelas flores da sutileza. O aroma da caminhada é mais agradável, a paisagem fica mais bela e, tenha certeza, as pessoas adorarão caminhar ao seu lado.

A reunião de feedback

Estruturar uma reunião de feedback é simples, contudo requer algumas precauções que veremos a seguir. Elaborei este capítulo em duas grandes partes, na primeira, detalhei o que dizer, tratando das palavras ideais, das frases, perguntas e colocações que a liderança deve fazer ou evitar. Na segunda parte, estruturei como fazer, contendo ambiente, mesa, cadeira, postura etc. A perfeita conexão delas traz os melhores resultados, segundo testes que venho realizando há mais de dez anos de pesquisas com equipes, líderes, alunos e tantos profissionais com que posso praticar este modelo que proponho e discuto aqui nesta obra.

Antes de começarmos, preciso reforçar uma afirmação a você:

"Não existe feedback negativo ou positivo,
existe somente feedback!
Tudo é feedback."

Existem mitos que vão sendo colocados nas cabeças das pessoas e que são reforçados por determinados agentes dentro da empresa. Um deles é o de que se o chefe chamou na sala, lá vem bronca! Sim, muitos chefes usam deste expediente, e, neste caso, reforçam o mito.

Aliás, creio que é possível saber se uma empresa possui bons líderes somente tirando a temperatura do assento das cadeiras deles! Isso mesmo, se pudéssemos colocar um termômetro nas cadeiras dos chefes, veríamos uma interessante relação: quanto mais quente a sua cadeira pior a liderança! Calma, vou explicar:

Acredito que líder deve ter cadeira, sim, mas deve passar a maior parte do tempo liderando com a equipe e não somente dentro de sua sala ou de seu gabinete.

O líder é o responsável pelo ambiente de trabalho. Deve saber preparar o local e isso não deve ser feito no momento de uma reunião de feedback, mas todos os dias. O gesto de dar feedback deve ocorrer todos os dias, sempre!

Não importa o local para fazê-lo – aliás não deve existir uma sala de feedback. Contudo, há tanta bobagem quanto o número de idiotas disponíveis quando se trata de pressionar os outros. Infelizmente são utilizados termos ridículos pelos despreparados, como "sala de tortura", "confessionário", "cantinho da disciplina" ou outras barbaridades que já vi e ouvi por aí.

É papel do líder criar um ambiente agradável onde as pessoas sintam que crescem quando vão até lá. Um local em que se sintam protegidas, onde o erro é permitido e visto como um motivo de repensar e seguir em frente.

Em palestra que assisti com Jack Welch, ex-CEO da GE, anotei dele a seguinte frase sobre contratação: "Gosto que as pessoas falem sobre seus fracassos na entrevista." Também falou sobre o erro: "Se você comete um erro, admita e seja justo, não tente esconder."

É certo que não existem muitos líderes no mundo como Jack Welch e, talvez por este motivo, ainda há tantos talentos que são demitidos de forma precoce, assim que os primeiros infortúnios acontecem.

Um modelo de ambiente de trabalho saudável pode ser aquele onde o erro é permitido e utilizado como degrau para o estágio seguinte, mais avançado.

Pare e reflita: como é a tortura emocional de uma pessoa que vai todos os dias até um local de trabalho e lá só vê ansiedade, preocupação, cobranças e baixa energia?

Faça um diagnóstico do seu ambiente de trabalho para saber se ele é propício para o desenvolvimento das pessoas:

- **Como é o clima? As pessoas sorriem? É possível divertir-se lá?**

Está mais do que provado cientificamente que ambientes onde as pessoas podem sorrir e conviver de forma amistosa são muito mais produtivos do que locais com excesso de formalidade e baixa energia. Conheci muitos chefes que confundem diversão com bagunça, e proíbem qualquer tipo de manifestação ou comportamento que considerem "inadequados". Sabe o que acontece? As pessoas encontrarão um meio de divertir-se fora do trabalho. Aliás, a grande maioria dos locais de trabalho é assim, recheado de tristeza e ansiedade. Costumo dar sempre um desafio a quem frequenta meus cursos e seminários sobre liderança. Quer participar do desafio?

Desafio do líder:

> *"Fazer com que as pessoas sejam apaixonadas*
> *pela segunda-feira."*

Se, em sua empresa ou trabalho, o dia em que as pessoas mais gostam for a sexta-feira, tenho uma péssima notícia para a liderança deste local, eles não trabalham lá, somente habitam. Isso é muito sério e é responsabilidade da liderança promover um ambiente em que as pessoas queiram produzir, queiram ficar, queiram ser melhores.

- **Como é o absenteísmo ou presenteísmo? As pessoas gostam de ir até lá?**

Este item é semelhante ao anterior. Lembre-se de que é uma questão de escolha. Por mais que a empresa pague o salário, o funcionário também escolhe e, neste caso, pode escolher ser mais ou menos produtivo e, pasme, há os que escolhem produzir o mesmo ou até menos que a média.

É parte da responsabilidade da liderança promover e aumentar a produtividade. Isso começa com trazer pessoas que queiram ficar e produzir mais e melhor.

Você pode até estar pensando que há a demissão como recurso. Concordo que esta pode ser uma alternativa, mas preciso registrar que, a cada demissão realizada, a liderança é corresponsável, ou seja, há feedback para o líder nisto. Em algum momento, ele errou, pois autorizou a contratação, portanto assume o risco.

As pessoas em sua empresa, ou área de trabalho, querem ir todos os dias até lá? Será que querem acordar cedo para ir até o local de trabalho? O que será que dizem quando ouvem o despertador? Já pensou nisso? Será que saltam da cama já interessados nos desafios do dia? Ou será que sentem que é o sinal da tortura diária acionado?

- **Como é o chefe? Percebe-se bom humor e energia positiva ao seu redor?**

Essa é a pergunta de mais fácil identificação quando visito qualquer empresa e local de trabalho. É muito fácil descobrir como é a chefia, basta prestar atenção no brilho do olhar das pessoas que o recebem. Os olhares dizem tudo o que as palavras evitam dizer.

Uma amiga uma vez me confidenciou a seguinte pérola sobre chefia obscura. Ela acabara de ser admitida em uma grande corporação e, logo na primeira semana de trabalho, disse-me que ouviu de um dos colegas: "Tome cuidado com nossa coordenadora, ela é meio autoritária. Procure não baixar a cabeça no início, pois ela costuma piorar as coisas se percebe que você é submissa".

Triste isso, não acha? E se eu acrescentar que esta área é a de RH desta grande empresa, uma área que deveria ser exemplo em clima organizacional às demais. Um departamento que se propõe a desenvolver lideranças, liderado por uma pessoa que prefere impor o medo em vez de inspirar, que prefere usar o poder em vez de autoridade.

- **Há comemoração lá? Festejam os bons resultados coletivamente?**

Ambientes leves são repletos de pequenas comemorações. Não somente de confraternizações de final de ano. São nas pequenas reuniões festivas que se constroem as paredes sólidas de uma equipe coesa, como uma casa de alvenaria bem construída.

Como é a sua equipe quando nasce o filho de alguém? Ou quando o filho de alguém passa na faculdade? Como reagem quando alguém atinge uma meta desafiadora? Quais os símbolos de vitória que estão estampados? O mesmo posso dizer em momentos de dor ou luto, todos sentem juntos? Confraternizam mutuamente e coletivamente com qual frequência? Respeitam as crenças individuais e cultuam a gratidão coletivamente?

- **Existe fila de pessoas querendo entrar lá? O lugar é atrativo?**

Dizem que os melhores restaurantes têm fila na porta de entrada. O mesmo posso dizer sobre as melhores equipes com as melhores lideranças. Muita gente quer trabalhar em um lugar onde pode ser ela mesma, sem máscaras ou mordaças. Será que isso é possível na sua empresa ou departamento?

Há chefias que esquecem que as pessoas conversam fora da empresa. Os candidatos conversam entre si, e empresas com maus ambientes costumam ser evitadas pelos melhores candidatos. Já ouvi destes: "Eu não quero entrar naquela empresa, ouvi dizer que ninguém para lá..."

De quem você acha que é a responsabilidade? Da empresa? Pode até ser, mas, em grande parte é da liderança, pois para o funcionário a empresa é seu chefe. Quando um funcionário chega em casa reclamando do local de trabalho, na verdade reclama de sua chefia, pois é a esta que deve diretamente responder. A empresa toda, muitas vezes, nem sabe o que está acontecendo, nem tem nada a ver com o episódio, mas acaba levando a fama por empregar chefia despreparada.

- **Existe justiça lá? Os bons são reconhecidos? As punições são justas?**

Está aí uma palavra importante no que diz respeito à boa gestão e liderança, justiça. Atuar de forma justa e equilibrada é fundamental para que a liderança seja reconhecida pelo time e queira estar lá.

Costumo dizer que o que é combinado não é caro. Assim, se foi bem combinado entre liderança e equipe, os limites estão estabelecidos e claros entre os membros. Cabe à liderança exercer o papel de garantir a justiça em caso de algum ponto ser arranhado ou transgredido.

Às vezes é preciso tomar medidas enérgicas diante de comportamentos inaceitáveis e devidamente previstos no "combinado", e se este for o caso, a liderança será apoiada pelo grupo, desde que atue com justiça e isenção e em benefício do time.

Para isso, somente um líder que consegue proferir o ditado do líder: "Faça o que eu digo e faça porque eu faço", terá 100% do apoio da equipe.

Líderes exemplares reconhecem, recompensam e punem com justiça e sabem muito bem como agir de modo a proteger a equipe, acima de qualquer preferência ou opinião pessoal.

Sua missão como líder é conseguir "sim" como resposta a todas as perguntas vistas anteriormente. Os indicativos produzidos por elas podem ajudar a construir um ambiente propício a bons feedbacks.

Por esses e outros motivos é que prefiro chamar uma reunião de feedback de "encontro de feedback" – só a palavra "reunião" já é carregada de formalidades que podem desorientar uma sessão de feedback, por mais que seja recheada de boas intenções.

Preparei a seguir alguns elementos que podem auxiliá-lo a conquistar a maior eficácia possível nos seus encontros e, como disse no início deste capítulo, dividi em o que dizer e como fazer. Então, lá vai a primeira parte:

I - O que dizer?

Prepare-se!

Tenha em mãos todos os fatos que indicam a oportunidade de feedback: pontos a serem melhorados e principalmente os pontos positivos. Atenção: tenha os fatos exatos, com o máximo possível de detalhes. Um bom feedback é sempre baseado em fatos, nunca em impressões ou julgamentos.

Anote este momento na sua agenda, para evitar que qualquer outro evento o interrompa. De preferência, evite falar ao telefone, dedique-se à pessoa que estará com você neste encontro. Se não é possível desligá-lo, coloque-o no modo silencioso e só atenda se for urgência total. Dependendo do assunto, um local mais reservado e seguro de interrupções é o ideal, mas lembre-se: não deve existir somente um único lugar, feedback deve ser a constante de todos os lugares, as pessoas devem conviver bem com ele em qualquer lugar.

Desligue ou abaixe a tela do computador. Já vi bons chefes dando feedbacks horríveis quando ora falavam com o colaborador, ora digitavam e-mail, ora fingiam ouvir as explicações, ora mexiam no mouse... Tome muito cuidado com isso! No encontro de feedback, nada deve tirar a atenção do líder. Ela deve estar toda dedicada à pessoa que está à sua frente.

Receba a pessoa de forma acolhedora

Esse passo está na essência do bom feedback, já que ele é componente de um processo de comunicação. A recepção é muito importante para que tudo comece bem. Use a linguagem corporal adequada:

- Aperto de mão firme e confiante;
- Vá em direção à pessoa;
- Demonstre o interesse.

A recepção adequada já ajuda, e muito, a criar um bom ambiente de aprendizagem para ambos, seja para quem oferecerá o feedback ou para quem receberá. Lembre-se do local para a entrega do "presente" que vimos nos capítulos anteriores.

Pergunte à pessoa o que fora combinado, ou seja, quais atividades este colaborador deveria ter realizado conforme fora orientado.

Neste momento, você deve fazer com que venha pela voz da pessoa o que foi combinado.

Pergunte algo como:

• "O que era mesmo para ter sido feito no caso do Cliente x?" ou

• "Fulano, por favor, conte-me o que tínhamos acordado a fazer para o projeto y.

Saber perguntar é uma arte. Costumo dizer que é possível decifrar o nível intelectual de uma pessoa pela qualidade das perguntas que ela faz e não pelas respostas que dá. A chave está em saber formular uma pergunta simples, direta e que faça com que a pessoa diga o que fora combinado.

Jamais, logo no início da conversa, diga o que deveria ter sito feito. Este encontro de feedback, para ser eficaz, precisa começar por uma pergunta e nunca por uma afirmação. Aqui é um ponto em que muitos erram, pois, na ansiedade de querer resolver logo a situação, já saem dizendo tudo e nem esperam para conhecer mais sobre o momento.

Ouça com atenção

Saber ouvir também é coisa de artista. Daquelas em que este contempla a sua arte, sentindo o prazer em perceber o resultado.

Ouça com o coração. Ouça atentamente. Foque toda energia na sua escuta. Coloque a atenção neste momento. O feedback virá a você como mágica.

A este estilo de ouvir atentamente, muitos autores chamam de "escuta ativa".

Escuta ativa é uma atitude de comunicadores experientes e maduros. Pessoas que conseguem conter sua ansiedade em falar e conseguem expressar seu interesse em desvendar mensagens emitidas. Aqui nesta obra, tratarei como "escutatória".

Acredito que líderes excelentes são capazes de ouvir os sons inaudíveis da floresta, como, por exemplo, o som da aranha tecendo a teia. Ou seja, apesar de todos os barulhos e distração ao seu redor, apesar de todos os problemas e ruídos do ambiente, ao líder excelente cabe a missão de escutar com atenção para desvendar o que não está sendo dito, as mensagens subscritas nas falas, gestos e posturas. E consegue-se fazer isso somente com genuíno interesse.

Uma dica, caso você sinta dificuldades em ouvir, se já vai logo falando, sem parar para ouvir: mantenha sobre a mesa um copo d'água. Esta é um calmante natural e poderá lhe ajudar a respirar antes de falar.

Assim que fizer a pergunta inicial que visa investigar sobre o que fora combinado, coloque a escutatória (escuta antes da oratória) em prática e espere pela resposta. Se preferir, você pode anotar alguns elementos da resposta para que o ajude a argumentar.

Bom, digamos que você fez a pergunta, e a pessoa respondeu de uma forma não esperada. O que significa?

Se respondeu que ela não entendeu, recomendo voltar ao capítulo que tratamos sobre vítima e protagonista, pois precisa refletir novamente sobre o que está registrado lá. Colocar a culpa no outro é postura de vítima ou protagonista? Vou ajudar: é postura de vítima. A vítima sempre coloca a culpa totalmente no outro e decididamente não é o tipo de postura de líder que queremos formar.

Se a pessoa não souber dizer plenamente o que fora combinado com você, existem dois feedbacks na situação. Um para ela e outro para você: no caso deste, há a necessidade de prestar mais atenção no momento das orientações e de empenhar-se mais em ouvir e conhecer todos os detalhes da atividade. Já você deve se ater ao fato de que precisa aprender a se comunicar melhor, a colocar as ideias de forma mais clara.

Outra coisa que excelentes líderes jamais fariam é dizer coisas do tipo:

- "Está tudo errado!"
- "Não faça assim! Não está correto!"

Pense no que escrevi nos capítulos anteriores sobre o risco existente em tratar o erro do outro como algo ruim, algo que destrói.

Agora, digamos que a pessoa respondeu, mas parcialmente correto. O que significa? Lembre-se da postura do protagonista!

Um verdadeiro protagonista diria que ainda precisa comunicar-se melhor, que está no caminho, mas ainda há o que melhorar nas instruções que dá. Ou seja, diria que tem responsabilidade sobre esta resposta, que pode ser que não tenha explicado direito.

É claro que há pessoas que preferem fazer-se de desentendidas, visando ganhar um tempo na conversa, mas a boa qualidade na comunicação é sempre responsabilidade do emissor.

Nas duas opções acima, já aparecem alguns sinais do que você, líder da conversa, está enfrentando. Pode ser que a pessoa precise de mais orientações, de mais conhecimento sobre o problema ou solução proposta.

Ouça e anote atentamente, preparando-se para o passo seguinte. Discretamente, registre as palavras-chave que perceber da conversa e que possam lhe apoiar na decisão.

Pergunte-lhe: *"O que propõe para resolvermos isso?"*

Aqui está o "pulo do gato" deste guia. Todo o aprendizado relevante mora dentro de uma pergunta bem formulada. E esta faz com que o interlocutor tenha que pensar em uma resposta, em uma saída.

Esta pergunta é interessante, porque exige da pessoa o papel de protagonista. Ela passa a ser agente da solução e não somente parte do problema. Precisa colocar-se em outra posição, não mais de espectadora, ao menos para mencionar alguma sugestão.

Neste momento, você terá a oportunidade de avaliar o interesse (vontade), a energia criativa e o potencial de solução que esta pessoa dispõe.

O ponto crucial é praticar a escutatória novamente, deixando que a pessoa realmente fale e exponha a sua alternativa.

Caso a pessoa tenha dificuldades em trazer sua alternativa, melhore a sua pergunta, insistindo sutilmente até que algo venha pela voz dela.

É fundamental que você nunca diga a proposta ideal, pois, caso contrário, a construção do aprendizado ficará comprometida. Reformule a pergunta, sempre solicitando o apoio e expressão da pessoa na proposta. O princípio deste passo é baseado em "ensinar a pescar em vez de dar o peixe".

Continue até encontrar um ponto que satisfaça as suas expectativas e que seja possível de ser um novo combinado. Tome cuidado com julgamentos, preconceitos e impressões pessoais. Esses ingredientes devem ser deixados de lado no momento do encontro de feedback.

Da mesma forma, preste atenção nos comportamentos, nas reações, na respiração e na linguagem corporal geral da pessoa que está diante de você. Lembre-se de que, se há erro, provavelmente há tensão no ar, ou seja, sentimentos que nada favorecem o aprendizado e a busca equilibrada de soluções. É fundamental que você mantenha a calma e o estado emocional equilibrado. Você é quem deve ditar o ritmo da conversa.

Sei que não é fácil, que muitas vezes temos vontade de reagir ou agir de forma agressiva ou impulsiva. Isso é uma característica humana, porém não lhe trará resultados satisfatórios. Em geral, só dificultará as coisas. Você pode até ter algum sucesso momentâneo, mas tenha certeza de que nas próximas vezes em que precisar oferecer feedback a esta pessoa, os momentos de tensão voltarão a pairar sobre sua conversa e o círculo vicioso terá seu reinício.

Continue anotando os principais pontos ditos até compor um "mapa" de alternativas para sua decisão. Mantenha a cabeça fria para ser mais racional e menos emocional nas decisões.

Ouça a proposta atentamente, concentre-se na solução e, lembre-se, evite dar a resposta, procure fazer perguntas até ouvir uma proposta coerente e que satisfaça o que você espera e que tenha equilíbrio.

Fechem um novo contrato

Quando a proposta lhe satisfizer, certifique-se de que foi tudo novamente combinado: fixe prazos, defina metas e planos de resposta.

Combine qual será o seu papel e como ele e você deverão acompanhar o andamento. Lembre-se: tudo que é combinado, não é caro!

Use as suas anotações para, agora, argumentar. Se, quando fez a primeira pergunta, você identificou que faltava orientação, ou seja, a pessoa realmente precisa de mais conhecimento sobre o assunto, isso se confirmará pela proposta que ela fizer. E pelos elementos propostos você poderá orientá-la!

Oriente novamente, explique com calma, faça anotações, diagramas, simulações etc. Tudo o que for preciso para dar mais segurança! Este é um dos papéis da liderança, o de dar o conhecimento que nutre a equipe e a energiza em busca de soluções.

Se percebeu que é falta de vontade, outra informação importante você já tem em mãos. Já sabe que deverá agir de outra maneira, visando reverter um comportamento limitante que precisa ser tratado imediatamente da forma correta. Tratarei o jeito de dar feedback de comportamento inadequado mais adiante.

Fechem o novo contrato, o novo combinado. E, como disse no capítulo sobre a arte de presentear, assim que entregar o presente, ou seja, fechar o novo contrato, vá curtir a festa! Siga adiante e vire a página.

Resumindo:
- Prepare-se;
- Receba de forma acolhedora;
- Pergunte o que foi combinado;
- Ouça com atenção;
- Pergunte-lhe o que propõe para resolver isso;
- Fechem um novo contrato.

II - Como fazer?

Os passos acima precisam ser feitos presencialmente, ou seja, é papel do líder conduzir a reunião de entrega do feedback (presente). Com certeza, é possível pedir ajuda a alguém de confiança neste momento.

Usando a analogia do presente, você pode pedir a alguém que lhe ajude a "carregar" o presente, mas é você quem entrega! Sem essa de ficar mandando alguém dar o feedback. Há muitos chefes que adoram delegar isso a alguém da equipe ou mesmo para o RH da empresa. Como se ele não tivesse nada a ver com isso. Lembre-se de que a responsabilidade pelo desenvolvimento da equipe é da liderança.

Portanto, participe!

E, como em todo encontro presencial, é fundamental estabelecer harmonia na comunicação não somente com as palavras, mas com todo o conjunto, voz, corpo, ritmo, olhar etc.

"O segredo está em aprendermos a interpretar o estado emocional da pessoa escutando o que ela diz e observando seus gestos e atitudes."

Allan e Barbara Pease

O local

Como vimos em outros momentos deste livro, da mesma forma que acontece com um presente, sempre há o local ideal para a entrega do feedback. Há presentes que podem ser entregues em público, em local aberto, desprotegido de olhares ou *flashes* de câmeras. E existem presentes que devem ser entregues em ambientes íntimos, discretos, em particular.

O mesmo digo sobre feedbacks. Há feedbacks que podem ser feitos em público, neste grupo incluo o que chamo de "elogio com base em fatos". Este tipo de feedback pode ser dado diante de todos, desde que tomados os devidos cuidados que abordarei mais adiante.

Sendo assim, fica evidente que o local é parte fundamental do bom feedback. Ignorar isso é como entregar uma lingerie para a companheira diante da família dela na mesa de jantar. Soa estranho, para dizer o mínimo.

Eis algumas dicas que podem ajudar na escolha do local ideal. Tudo depende do conteúdo do feedback.

Se contém necessidades de melhoria nas atividades do trabalho

Este deve ser dado diretamente no ambiente de trabalho. Trata-se de feedback de orientação ou de reorientação sobre como fazer ou utilizar ferramenta, equipamento, software, técnica etc. Por este motivo, requer demonstração paciente e tranquila em tom de voz calmo e amistoso.

Jamais faça como aqueles maridos que saem de carro com suas esposas para "ensinar" a dirigir. Creio que você já tenha ouvido falar disso, em que as repreensões e broncas acabam assustando a pobre aprendiz de motorista, que prefere pagar os olhos da cara para instrutores do que ser vítima do marido instrutor.

Respire e tenha calma. Dependendo da técnica ou sofisticação do equipamento, pode ser difícil adquirir a habilidade em utilizá-lo.

Essa conversa pode acontecer diante das máquinas e equipamentos que a pessoa utiliza, no espaço de serviços que presta etc. Desde que seja feito de forma orientada, discreta e jamais expondo a pessoa diante de clientes, colegas etc.

Lembre-se de que é papel da liderança orientar e formar sua equipe. Sendo assim, aja como o professor, mentor, orientador. Seja a pessoa que os colaboradores terão como referência em caso de dúvidas, angústias e que desejarão compartilhar seus sucessos.

Este é o que chamamos de líder exercendo o papel de *coach*.

Se contém comportamentos que precisam ser corrigidos

Para este tipo de conteúdo, é preciso uma preparação, uma organização. Jamais deve ser feito em público ou diante dos demais colegas na área de trabalho – desde que seu local de trabalho não seja o meio esportivo, pois neste os feedbacks de comportamento acabam sendo realizados no campo de jogo e servem como "empurrões", às vezes necessários, para retomada da atenção e concentração do atleta. Porém, mesmo neste meio, só é permitido isso a uma liderança devidamente empossada e credenciada pela equipe.

Se seu ambiente é o corporativo, ou mesmo o familiar, este tipo de feedback precisa ser dado em local protegido e preparado. Eis algumas dicas:

• Escolha uma sala confortável e preferencialmente com algum isolamento de som e imagem. Evite salas com paredes de vidro ou grandes janelas em que os curiosos de plantão possam ter acesso;

• Telefones ou qualquer outro dispositivo que possam gerar distração devem ser silenciados;

• Material para anotações ou registros devem estar à mão;

• Avise a alguém de sua confiança que não gostaria que a reunião fosse interrompida caso alguém o procure;

• O local deve ter cadeiras confortáveis, pois este feedback precisa que ambos, tanto quem dará quanto quem receberá, estejam obrigatoriamente sentados. Há um porquê muito relevante que é o tom de formalidade que deve estar no ar. Mais adiante, tratarei sobre a posição das cadeiras, que é determinante para bons resultados neste tipo de feedback.

• Escolha uma mesa limpa e organizada, preferencialmente redonda. Em caso de mesas angulares, evite ficar na outra extremidade oposta ao participante. O melhor lugar para ambos é próximo a um dos cantos, onde cada um ocupe uma lateral do ângulo da mesa. Por este motivo, prefiro as mesas com formato arredondado e com tampo de vidro ou transparente, pois como disse anteriormente, uma leitura da linguagem corporal pode sempre ajudar no ritmo da conversa. Fica mais fácil de sutilmente observar reações nas pernas ou pés que indiquem ansiedade ou descarga de adrenalina no corpo dos participantes da reunião.

Se contém orientações gerais não tão contundentes, mas que precisam ser dadas em momento reservado

Neste grupo, estariam os presentes (feedbacks) que trazem dicas sobre a cultura da empresa, toques sobre pequenos deslizes na conduta corporativa, orientações gerais sobre clientes, chefia, fornecedores etc.

Este feedback pode ser realizado fora dos perímetros da empresa, sem problemas. Em geral, um almoço, café ou jantar são bons pretextos para estimular este tipo de papo. Podemos dizer que são os conhecidos "toques" que podemos dar a algum colega que, seja por inocência, imaturidade ou mesmo desconhecimento, esteja caminhando próximo de alguns limites arriscados na organização.

Sabe aquela amiga que adora vir com aquele sapato colorido e que o chefe detesta? Ou aquele garoto promissor que vez ou outra dá um fora em reuniões com piadinhas inconvenientes? Então, um local informal pode ser um bom espaço para dar alguns toques sobre este ou aquele comportamento.

Este tipo de feedback pode ser dado em pé, não necessariamente você e a pessoa precisam estar sentadas, pode ser no balcão do bar, em frente à churrasqueira, no parque em uma caminhada etc.

Só peço cuidado para tratar o assunto com responsabilidade. Não é porque o ambiente não é o da empresa que você tem o direito de faltar com respeito e agir grosseiramente. Utilize a gentileza do convite para integrar-se mais com a pessoa e, aos poucos, vá introduzindo o assunto, até que ela permita e comece a ouvir atentamente. Trate com discrição e estabeleça uma parceria de convivência.

Lembre-se de que se for feito no local ideal e com o jeito certo, você receberá a gratidão desta pessoa de volta. Tudo depende da forma que você conduzir o assunto.

A hora ideal

Sim, tudo tem sua hora!

Partindo da analogia do presente, a hora certa, ou o *timing* é muito importante. Há presentes que precisam ser entregues de imediato, na hora. Há outros que precisam ser tratados com mais paciência, pois merecem mais preparo, mais cuidado.

Lembra daquela comida que você estava com tanta vontade de comer, que partiu para cima do prato quente e... queimou a língua? Pois é, mais ou menos assim que acontece com feedbacks mais "quentes".

Recomendo esperar "esfriar" e fazer como dizem os mineiros, "comer o prato pelas beiradas", aos poucos tratar o assunto de forma a chegar no motivo principal no tempo certo e do jeito certo.

Porém, lembre-se de que esperar para tratar o assunto com a cabeça fria não é o mesmo que "empurrar para baixo do tapete" e deixar o assunto mal resolvido. Todo ciclo que foi aberto precisa ser fechado, senão fica como um fantasma adormecido que, quando você menos esperar, despertará para assombrar seus dias e noites.

Respire fundo, espere o momento certo e trate o assunto. Feche o ciclo, resolva!

Unindo o "o que dizer" com o "como fazer"

Chegamos ao ponto alto da entrega, a hora de colocar tudo em prática, tanto o conceito como o jeito.

Partirei do princípio de que você escolheu o local e a hora certa, que preparou o presente de modo a ajudar a pessoa a ser melhor, a ter mais desenvolvimento. Aliás, a palavra "desenvolver" vem de "retirar do que estava envolvendo", ou seja, desembalar, trazer às vistas, tirar o que antes envolvia, separava ou protegia.

Tudo a ver com o presente, não? Precisamos então ajudar a pessoa a conhecer o seu presente, só que cada vez menos envolto a problemas, desconhecimentos etc. Dar o feedback em forma de presente é comparado à atitude de artesão, que, com carinho, lapida, prepara, molda a sua arte.

Novamente, tudo a ver com liderança! Já que esta está na formação, no engajamento, na construção de propósito, na influência para a busca de objetivos, ou seja, está envolvida em ajudar pessoas a transformar o que antes não existia em algo construtivo e valoroso.

Sendo assim, lembre-se da preparação que realizou, e vamos à entrega!

Convide a pessoa para o local ideal, conforme já explicado anteriormente. Como forma de ilustrar nosso exemplo, digamos que você escolheu dar o feedback a uma pessoa em uma das salas de reuniões da empresa.

Se você dispõe de salas livres em sua organização, estas são muito úteis nesse caso, pois não estão impregnadas do cenário do dia a dia. Você pode reservá-la com antecedência, evitando ser interrompido bruscamente.

Marque previamente com a pessoa. Lembre-se de que se você quer que respeitem a sua agenda, primeiro respeite a agenda dos outros. Mesmo se você for a chefia, respeito se ganha com respeito.

Chegue antes do horário marcado, para checar se está tudo certo na sala, conforme o caso, peça para não ter interrupções e certifique-se de que há cadeiras confortáveis para ambos. Uma dica: escolha a sua cadeira, deixando os seus pertences na mesa no lugar escolhido, isso o ajudará a "marcar" o território. Como disse anteriormente, dependendo do assunto, evite salas com acesso ao visual externo, se for o caso, coloque a cadeira da outra pessoa de modo a ficar de costas para o ambiente externo, para que ela tenha que olhar para você durante a conversa.

Quando a pessoa chegar, ponha em prática o que viu nos passos deste capítulo: "Receba-a de forma acolhedora".

Este passo já foi bastante explorado anteriormente, mas preciso reforçar que a sua expressão de anfitrião ou anfitriã darão o tom desta reunião. Ninguém gosta de chegar em um lugar e ver quem o convidou de cara feia, amarrada, grosseira.

Se você não consegue fazer isso, em alguns casos recomendo até que peça ajuda profissional, pois está precisando de um acompanhamento terapêutico, há alguns traços de controle emocional que você precisa cuidar. Lembre-se de que sua imagem o precederá sempre!

Sendo assim, receber alguém de forma acolhedora pressupõe uma saudação cortês, um aperto de mão firme e sorriso no rosto.

Muito bem, recebida a pessoa de forma acolhedora, mostre a ela o lugar para sentar (por este motivo oriento que visite a sala antes, para definir como as cadeiras estarão dispostas na sala). Se a mesa for de formato redondo, ótimo. Em caso de mesa quadrada ou retangular, prefira os cantos, em que você e a pessoa fiquem próximos. Jamais fiquem em extremidades opostas. Este cenário é muito importante para a condução do feedback, pois o que queremos é garantir o exercício de construção de autoridade e não o reforço de posições de poder ou de distanciamento. Assim que a pessoa se sentar, você também se senta.

Quando se sentarem e acomodarem seus pertences na mesa, ou cadeiras, quebre o gelo da conversa. Inicie com algum assunto simples do cotidiano. Pode ser o tempo, o jogo do final de semana, a vida familiar etc. Fique à vontade para escolher o tema, desde que ainda não seja o assunto principal do feedback.

Isso feito, agora você pode introduzir o motivo de ter pedido esta reunião com a pessoa. Explique a ela o porquê de estarem ali.

Neste momento, coloque em prática o terceiro passo que expliquei no capítulo anterior: "Pergunte o que fora combinado", o que era para ter sido feito na ocasião em questão.

Assim que você fizer a pergunta, começa o que chamo de "dança das cadeiras", ou uma dica importante sobre linguagem corporal que vai o ajudar a conduzir melhor a sessão de feedback, para que esta ocorra de forma mais natural, com menor carga de estresse.

Ao perceber que a pessoa começou a falar, ou mesmo que esteja preparando-se para dizer algo, você vai discretamente virar a sua cadeira levemente para um dos lados, de modo a ficar não mais frente a frente com a pessoa, mas em um ângulo de 45 graus. Esta posição física é estratégica e tem um motivo importante.

Lembra-se do que expliquei anteriormente sobre o que acontece no corpo quando temos um olhar face a face conosco? A descarga de adrenalina inundando o organismo e provocando as reações de estresse. Pois bem, assim posso afirmar, com total convicção de pesquisador do assunto, que a posição frente a frente é a pior posição que existe para dar feedback a alguém.

Ao ficar de frente ao seu interlocutor, você, sem desejar isso, fez com que no corpo dele ou dela fossem iniciados todos os procedimentos de proteção contra uma possível ameaça. Ou seja, o cérebro racional da pessoa é temporariamente "desligado" e o cérebro emocional dela passa a tomar conta das ações. Pode-se afirmar que ela passa a estar no piloto automático de suas emoções.

Quanto mais tempo a pessoa ficar neste estado, menores serão as chances de uma conversa produtiva e construtiva, já que o cérebro racional está em *stand-by*.

Mas não fique totalmente de lado, o máximo de 45 graus já basta.

Este simples movimento já reduzirá a carga de adrenalina tanto em você quanto na pessoa, pode ter certeza disso.

Aproveite para praticar a escutatória: ouça atentamente tudo o que a pessoa disser. Jamais a interrompa ou complete as suas frases, deixe com que ela diga como entendeu o que deveria ser feito no momento em questão. Se for preciso, tome nota de alguns pontos que ela trouxer, para que você possa usar em seus argumentos. E não esqueça de garantir um pouco de água para vocês.

Assim que a pessoa acabar de falar, você já terá pistas importantes dos motivos que a levaram a este contexto. Em uma forma de simplificar a busca por soluções, podemos dividir os motivos em dois diretórios, que chamarei de **feedback do saber** e **feedback do querer**. Ou seja, pode ser falta de conhecimento ou falta de vontade.

Feedback do saber

Digamos que você fez a pergunta do segundo passo, questionando a pessoa sobre o que fora combinado no assunto em questão. Calou-se e, ao escutá-la atentamente, começou a ouvir uma explicação totalmente errada, sem relação com o que fora acertado. O que significa?

Se você respondeu: "Ela não entendeu!", peço que pense mais um pouco e reflita atentamente sobre esta situação.

Encontrou outro motivo?

Se você ainda insiste em avaliar que ela não entendeu, peço que releia a explanação sobre o que chamo de postura de vítima e a de protagonista.

Este modo de encarar o feedback é um exercício. Uma forma de posicionar-se buscando a solução e não os culpados. Aqui importa o pecado e não o pecador. Por este motivo, convido-o a ter uma visão protagonista e encarar a resposta incorreta da pessoa de outra maneira. Respire fundo e diga a seguinte frase a ela:

"Bem, acho que eu, em algum momento, falhei em minha explicação desta atividade a você. Deixe-me tentar novamente e ver se agora consigo mostrar a você o que era para ser feito..."

Perceba que, como protagonista, você precisa assumir a sua responsabilidade na liderança, principalmente se for você o gestor imediato desta pessoa. Se, após perguntar a ela o que era para ter sido feito, perceber falta de conhecimentos, falta de "saber", recomendo que assuma a sua responsabilidade de líder e recomece, reoriente-a!

É claro que há o risco de ela estar sendo desonesta, mas tenho certeza de que você saberá "ler" este motivo se for o caso. De qualquer forma, você já terá um sinal de que com essa pessoa precisa ter mais atenção e cuidado ao passar alguma instrução. Uma dica simples é, sempre que der uma instrução, checar se a pessoa entendeu evitando questioná-la, mas, sim, pedindo que repita ou que demonstre a você o que deve ser feito, até que ela consiga explicar com propriedade o que você acabou de combinar. A responsabilidade de combinar corretamente é sempre da liderança, sempre do emissor da mensagem.

Bom, digamos que você fez a pergunta sobre o que fora combinado, aguardou a resposta e a pessoa começou a falar, porém você percebeu que o que ela diz está parcialmente correto. Ou seja, ela até explicou um pouco do que combinaram, mas, em alguns itens, apresenta distorções. O que significa?

Espero que agora você já tenha escolhido a opção de que você ainda precisa explicar melhor da próxima vez! Ou seja, que a postura do protagonista tenha sido a primeira a vir a sua mente, pois é realmente isso que precisa ser feito.

Respire fundo, e oriente novamente! Este é o seu papel enquanto líder deste processo ou desta atividade. Sei que é preciso paciência e entendo perfeitamente se já estiver sentido certo incômodo nisso. Mas garanto, faz parte do show.

Minha mãe disse-me uma vez que da mesma forma que os dedos da mão são diferentes, assim são as pessoas. Todos aprendemos de formas diferentes e em ritmos diferentes. Ou seja, ninguém é obrigado a aprender no mesmo ritmo que você! Sei que a pressão do cotidiano é forte, que as metas não esperam, mas isso não pode ser desculpa para você não ensinar as pessoas que atuam com você. Por este motivo, procure ter bastante paciência e cuidado ao contratar, pois, após admitir a pessoa no seu time, a responsabilidade pela formação dela é sua! E nunca do RH ou de outra área da empresa. A responsabilidade em formar a equipe é de quem a lidera!

Um dia, em uma palestra, me perguntaram quantas vezes eu recomendaria que repetisse esta explicação. Posso lhe dizer que é papel da liderança orientar e reorientar quantas vezes forem necessárias. Lembre-se de considerar que todos somos diferentes, e portanto, aprendemos de formas diferentes, o que indica que provalmente uns aprenderão rapidamente e outros carecerão de maior detalhamento e atenção da liderança.

Tudo dependerá do contexto, da situação, da pessoa etc. Quanto mais inexperiente e novato o colaborador for, pode esperar que terá que fazer isso muito mais vezes. Caberá à liderança, no papel de treinador e mentor de sua equipe, observar atentamente e avaliar o ritmo de aprendizagem de cada membro de sua equipe.

Em suma, é isso! O Feedback do saber é ação de liderança, de mentor ou mentora, de *coach*, de orientação interessada em qualidade real na equipe, de investimento no potencial de habilidades que possuir em seu time. Quanto mais e melhor você fizer isso, menores serão seus problemas com o mesmo tema no futuro.

Feedback do querer

Para identificar se é este o tipo de feedback a ser dado, basta observar as reações e respostas dadas pela pessoa, pois, ao fazer a pergunta-chave, solicitando que ela diga o que foi combinado, você escuta tudo, simplesmente tudo o que era para ter sido feito, ou seja, ela sabia e tinha ciência de tudo o que havia sido combinado e você agora elimina a hipótese de que faltava conhecimento sobre a atividade.

Já que ela citou plenamente o que era para ter sido feito, e se não foi, houve então uma escolha de não o fazer. A questão não é mais do diretório do conhecimento, mas, sim, do interesse, da vontade, do querer.

Para realizar este feedback você seguirá os mesmos passos que apresentei anteriormente, contudo precisará de algumas preparações e adaptações importantes:

- Deve ser feito em local reservado;
- Sempre com ambos (você e a pessoa) sentados e;
- Você falará com um tom de voz abaixo do seu tom de voz habitual.

Local reservado:

Lembra-se da analogia do presente, em que citei os presentes que precisam ser entregues em particular, porque são íntimos, pessoais? Pois bem, este é um deles!

O Feedback do querer precisa ser feito em um local diferente, reservado, a portas fechadas, separado da equipe, sem interrupções. Sendo assim, caso você detecte que é este tipo de feedback a ser realizado, sugiro que pare e pondere qual é a hora certa de dá-lo.

Uma dica que deixo aqui é pensar como se fosse uma comida que acabou de ficar pronta, saída da panela há alguns instantes. Se perceber que está muito quente, pode ser mais prudente começar pelas beiradas, em vez de ir direto ao centro do prato.

O mesmo digo sobre este tipo de feedback. Caso você sinta que pode haver risco iminente de descontrole emocional seu ou da outra pessoa, recomendo que marque com ela outro dia, horário e local, quando você poderá cuidar com mais racionalidade do assunto.

Ambos sentados:

Neste caso, a orientação de estarem sentados é para dar o tom de formalidade à reunião. Para que haja um ambiente de tratar o assunto "sobre a mesa", com calma, sem pressa para sair andando pela sala.

Isto lhe ajudará a marcar o formato de linguagem corporal ideal para este momento, apoiando-se no seu tom de voz.

Tom de voz baixo:

Modular o seu tom de voz, um tom abaixo do seu habitual demonstrará à pessoa que você está tratando este assunto com maior seriedade e formalidade e, acima de tudo, que está em equilíbrio emocional.

Aumentar o tom de voz só mostra ao outro lado que você está fora de controle, o que ajuda a deixar a outra pessoa também emocionalmente instável.

É você quem conduz a situação e quem deve ditar o ritmo da conversa, é quem deve controlar as emoções da reunião, pois é a pessoa mais interessada em solucionar e não em encontrar culpados ou condenados.

Perceba que este posicionamento lhe colocará sempre como quem está no comando da conversa ou, como dizemos no interior, "com as rédeas de sua carroça nas mãos".

Note que, para ambas as alternativas, seja para o Feedback do saber ou para o do querer, há solução simples e prática. Basta cuidar dos detalhes que anotei e avançar para o passo a seguir, pois agora você está com metade da solução nas mãos. Já ouviu a pessoa e definiu o que precisa ser feito.

O quarto passo tem o objetivo de ajudar a pessoa a trazer a solução para a reunião de feedback.

Pergunte a ela "o que propõe" para resolvermos este assunto? Ou qual a sua proposta para que isso seja resolvido definitivamente? Ou qual(is) a(s) sua(s) sugestão(ões) para fecharmos este assunto?

Pergunte e pratique a escutatória!

Como expliquei detalhadamente anteriormente, faça sempre perguntas, evite dar as respostas prontas.

Pergunte-lhe o que propõe, qual a proposta, o que sugere etc. São exemplos de perguntas mágicas que têm um alto significado quando tratamos de engajamento e comprometimento.

Novamente, use a dica da água para ficar em silêncio, se for preciso. Deixe a pessoa falar e pratique a escutatória. Pode ser que você tenha muita vontade de sair dizendo o que deve ser feito, pois nem sempre tem tempo e paciência para ouvir. E digo-lhe que isso é uma escolha sua! E como escolha, lembro que a cada uma há uma renúncia e, neste caso, você está renunciando a ensinar e escolhendo fazer pela pessoa.

Isso é comparável a "dar o peixe e não ensinar a pescar". Ou seja, você reforçará nela o modelo de pessoa mimada, infantilizada, que não sabe ajudar o próximo e sempre depende de alguém para definir o que precisa ser feito. Ao dizer a ela o que deve ser feito, você somente reforça a sua centralização de poder, reforça um perfil dominador e que pouco traz aprendizado. Só não reclame depois de que sua equipe não tem sentimento de "dono do negócio", pois é você mesmo que não deixa que os colaboradores assumam responsabilidade.

Em todo o meu caminho, tenho visto que quem opta por colher as propostas e sugestões do outro neste momento tem obtido os melhores resultados, pois:

- A pessoa sente que há alguém que a ouve;
- O clima de parceria fica mais fortalecido;
- Destaca o perfil "desenvolvimentista" da liderança;
- Permite que exista a responsabilidade compartilhada.

Desta forma, assim que ela começar a colocar para fora a sua proposta, um fenômeno corporal aparecerá, instintivamente.

Se a pessoa não está a fim, ou seja, não quer uma solução, a falta de interesse ficará evidente nos sinais corporais, nos quais adotará, em geral, uma postura de afastamento da conversa, encostando as costas na cadeira ou até movimentando-se para os lados. Típico de postura infantil da criança que não quer mais aquilo que está à sua frente. Veja que, por ação da adrenalina, há tensão no ar e você precisa estar em equilíbrio para manter o controle da conversa.

Porém, se a pessoa realmente tem interesse na solução, ela provavelmente inclinará seu corpo para a frente, em direção e olhando para a mesa. Arrisco dizer ainda que se você deixou papel em branco, caneta ou lápis por perto, ela pegará um destes e começará até a rabiscar algo. Alguns rabiscam desenhos, setas, riscos, outros até escrevem pequenos fluxos ou palavras de impacto da proposta.

Se isso aconteceu, aproveite a oportunidade e faça um novo movimento na "dança das cadeiras", agora, discretamente posicione a sua cadeira de um modo que, aos poucos, fique exatamente ao lado dela, quase que se alinhando ombro a ombro com ela.

Se a pessoa estiver escrevendo algo, incline seu corpo também em direção ao que ela estiver esboçando no papel e foque seu olhar nisso.

Este reposicionamento corporal significa muito para a boa condução do feedback. Posso até afirmar que é ponto alto da boa condução, da boa entrega do "presente".

O mais importante é que ela proponha algo.

Se você viu que a proposta é fraca, que a sugestão é insuficiente ou rasa demais para o assunto, reforce a pergunta, com algo do tipo: "Mas você tem certeza que isso resolverá o problema?", "Me dê, por favor, alguns exemplos de como você faria isso". Continue a fazer perguntas até que você esteja confortável com a proposta.

Jamais dê a proposta. Faça com que, através de suas perguntas, a pessoa chegue a um plano coerente e equilibrado. Lembre-se de que o seu interesse deve estar na solução do problema. O grande erro acontece quando, em vez de focarmos a solução do impasse, associamos a pessoa ao problema. Aí fica difícil de visualizar uma solução equilibrada.

Ao chegarem a uma proposta que você aceita, parta para o fechamento da negociação. Uma dica simples e muito eficiente é a de pegar a sua agenda e dizer à pessoa: "Ok, acho que você me convenceu de que pode ser feito desta maneira, agora me diga quando você pode me entregar este assunto resolvido".

Neste momento você está colocando a responsabilidade da entrega dos resultados nela. Está dando a ela a oportunidade de comprometer-se com você em uma proposta que ela mesma ajudou a formular.

No caso de ser um Feedback do querer, este precisa ter um tom formal, mais sério – e acrescento que não é em toda proposta você poderá fazer concessões, principalmente se houver desvio ético envolvido.

Ouça a proposta, faça a sua contraproposta e estude a reação, somente a partir daí faça sua escolha, sempre tendo em mente que é sua responsabilidade zelar pela justiça e pelo time, em caso de ser você a chefia imediata.

Perceba que, através deste método, você não se desgasta, não precisa ficar falando, dando sermões, jogando energia fora. Você coloca a pessoa no centro da busca pela solução e concentra a energia dela no resultado que você quer.

Caso o prazo que ela propuser a você seja arriscado, diga a ela os riscos e os impactos que ambos terão que arcar se o prazo proposto não for cumprido. Neste momento, ela pode até ceder. Mantenha atenção para que seja um prazo factível e realista, para que ambos, você e a pessoa, tenham a chance de saírem satisfeitos deste desafio.

Fixado o prazo, anote na sua agenda o dia e horário em que voltarão a falar sobre o assunto e peça a ela que faça o mesmo.

Sabe o que você acabou de fazer neste momento? Realizou o último e derradeiro passo do excelente feedback, o passo que chamo de "fechem um novo contrato". Acabaram de fechar um contrato com termos, propostas, prazos e responsáveis. Mencionaram, inclusive, as consequências em caso de não cumprimento do que foi acordado, sob forma dos impactos desta decisão. Só falta agora consagrar o contrato, ou seja, fisicamente credenciá-lo. Simples e importante: um bom e firme aperto de mãos precisa ser dado. Este é o símbolo universal de contrato fechado!

Pronto! Presente entregue! Agora é curtir a festa!

Terminada a reunião, a vida segue adiante. Vire a página, pois outros desafios lhe aguardam na sua área de trabalho. E quero mencionar um ponto muito importante deste método, o fato de que agora você possui alguém com responsabilidade compartilhada. Não é mais somente você comprometido com a solução daquele problema, mas possui outro que propôs, que argumentou e que aceitou, que escolheu uma alternativa para solucionar, para resolver.

Você agora ficará em uma condição muito mais confortável para retomar o assunto, pois, caso o que foi proposto não acontecer, o feedback muda, certo? A pessoa começará a perceber que está pisando na bola e que, se não começar a marcar gols logo, poderá perder o lugar no time.

A liderança passa a conduzir a equipe e não mais a ficar correndo atrás de solucionar todos os problemas que surgem. Passa a colocar as pessoas em cena e evidenciar a performance de cada um, somado ao fato de que, em caso de baixo desempenho, este não será mais surpresa para ninguém, muito menos para a pessoa, pois ela fez a proposta, comprometeu-se e, se não cumpriu, fica claro até para ela quem precisa mudar.

É como eu digo:

*"Promoção e demissão nunca podem ser
uma surpresa a quem recebe.
Se foi, é feedback para a liderança."*

Isso mesmo, jamais podem ser uma surpresa a quem recebeu!

Se, no momento em que chamou a pessoa para dar-lhe uma promoção por mérito, ouvir "Sério? Isto é comigo mesmo? Nunca imaginei...", é um enorme feedback a sua gestão imediata, pois indica que a pessoa estava indo bem, seu trabalho estava sendo bem-aceito, mas sua liderança nada dizia a respeito, ou seja, ela nem sabia que estava sendo bem-sucedida. Afirmo a você que alguém em alta performance e com bom relacionamento no mercado, pode ter certeza, é bastante assediado por outras empresas, muitas vezes concorrentes. Então, um belo dia, recebe uma vantajosa proposta, escolhe sair da empresa atual e, somente neste momento, a gestão omissa cai na real, pois percebe que não deu o devido reconhecimento aos seus talentos na equipe.

No caso de demissão, isso é tão grave quanto o da promoção, se no momento de efetuar o desligamento de alguém do time, ocorre espanto, há, sim, grande feedback à liderança a ser analisado. E tratando-se de demissão, existem fatores como: a constatação clara de que a liderança estava ausente e não praticava feedbacks constantes; a pessoa estava por fora dos acontecimentos na equipe e, acima de tudo, a liderança precisa ser trabalhada, pois apresenta dificuldades evidentes em gestão.

Em algum momento a liderança errou se optou pela demissão. Seja na contratação, pois não avaliou corretamente todos os aspectos envolvidos, perfil, valores, competências, entre outros. Ou errou no acompanhamento, pois treinou, avaliou ou deu feedbacks de forma insuficiente. Em minha caminhada conheci muitos gestores que, em uma clara postura de vítima, preferem culpar o RH, consultores ou outros membros da equipe pela falha e necessidade de demissão, mas preciso lembrar aqui que quem é responsável pela equipe é a liderança. Se você lidera o time ou o projeto, assuma a sua responsabilidade!

Isso é mais comum do que você imagina! Pode ser que seja até o seu caso agora.

Assim, se você está na liderança de algum time ou projeto, recomendo que mantenha todos sempre informados quanto às suas entregas. Sugiro que mostre a cada um a sua parcela de responsabilidade pelos resultados. Reconheça e apoie a boa performance. Escolha a transparência, a verdade, a sinceridade, pois esses são bons companheiros de caminhada.

Tipos de feedback

Como venho dizendo no decorrer deste livro, tudo é feedback. Das respostas que recebemos até as que não recebemos. Ao agirmos ou deixarmos de agir, todo movimento ou inação, toda intenção, toda escolha gera feedback. O feedback é sempre a consequência das nossas escolhas. Escolher é o que nos torna vivos. Viver é escolher!

Desta forma, a cada escolha podemos receber um tipo de feedback.

Para ficar mais fácil de entender e programar melhor nosso caminho, os tópicos a seguir trazem uma simples classificação de alguns tipos de feedback.

Feedback positivo/negativo

O ponto de vista que você usa para analisar a situação é que pode levá-lo a uma conclusão positiva ou negativa, ou seja, tudo depende dele.

Por exemplo, um profissional que é recém-promovido recebe qual tipo de feedback? Positivo ou negativo? Tudo depende de como analisarmos o contexto. Lembro-me de um filme, *As loucuras de Dick e Jane*, em que a personagem do ator Jim Carrey é um colaborador de uma grande empresa americana, sendo ele e sua família pertencentes ao que podemos considerar de uma fatia da classe média. Um belo dia, ele é chamado à sala do presidente e recebe a tão sonhada promoção. Há uma grande alegria em sua família, a qual começa a alterar os seus padrões de consumo... O que ele não esperava é que com a promoção viria também um grande pesadelo, pois a empresa estava sendo fraudada pelo presidente anterior, e este programou toda uma armação para deixá-lo como culpado de todos os seus trambiques. No dia seguinte, Dick passa de colaborador promovido para executivo fracassado...

Será que este feedback de promoção foi positivo? É claro que me refiro aqui a uma ficção, contudo, o que quero ilustrar é que uma promoção no emprego pode ser interessante, mas depende do contexto. Já vi vários excelentes vendedores que, quando promovidos, tornam-se péssimos supervisores. Falta de preparo? Com certeza. Responsabilidade de quem? De ambos: da empresa que escolheu e do promovido que não investiu em sua própria carreira antecipadamente.

Uma demissão pode ser trágica? Depende!

Pense em um caso de uma pessoa que fora demitida de seu emprego após anos de trabalho dedicando seus conhecimentos, tempo e atenção aquela empresa. Tristeza? Com certeza, sim, entretanto em poucas semanas a notícia da saída deste profissional, que estava sendo "sondado" por outras empresas, corre com incrível velocidade e este passa a receber várias propostas, com valores e benefícios e condições de carreira muito melhores que os da empresa que o demitiu. Será que ser demitido foi mesmo uma grande perda?

Enfim, podemos ficar levantando várias hipóteses acerca deste assunto, porém o que quero ilustrar aqui é que tudo depende do ponto de vista, depende do contexto. Assim como uma moeda tem dois lados, nossas escolhas também.

Trata-se de feedback. O que existe é a forma positiva ou a forma negativa de se dar e/ou de receber um feedback. Posso expor meus argumentos de uma forma autoritária, injusta, severa e agressiva ou apresentá-los de uma forma orientativa, reflexiva e atenciosa, inclusive usando praticamente as mesmas palavras. Ou seja, o que varia é a forma, o jeito de se dar e/ou receber o feedback. Positivo ou negativo é a forma e não o feedback em si. Feedback é sempre feedback e ponto!

Devemos aprender a ler os sinais do contexto para definir melhor se foi realmente positivo ou negativo. Acredito que saber montar este quebra-cabeça pode ser uma das grandes habilidades que a maturidade aos poucos nos ensina. Ao agirmos de forma imatura, podemos estar como cegos no meio de uma avenida movimentada, só que sem bengala ou apoio para iniciar um movimento seguro em qualquer direção.

Às vezes ouvimos ou lemos algo que dispara alguma emoção antes da reflexão. É natural que gostemos mais das palavras doces e dos elogios. Aliás, acredito que o caminho está no respeito e nas gentilezas. Contudo, nem sempre quem as profere está dizendo a verdade. Sabemos que há muitos que escolhem este expediente para disfarçar seu real pensamento sobre nós. Por este motivo, ainda assim prefiro a verdade, mesmo que dolorida.

Experimentar é o caminho para o aprendizado novo. É permitir-se conhecer algo ainda sem avaliação pessoal, ainda sem conclusão. Só é possível dizer que gosta ou não de algo após provar, testar, experimentar.

Há quem torça o nariz para algo sem nunca sequer ter provado. Julgam e imediatamente condenam, sem antes conhecer os detalhes, os sabores, os aprendizados...

O mesmo digo para a forma dos feedbacks, pois acredito que é preciso encontrar significado em tudo o que acontece.

Às vezes precisamos de uma reprimenda mais ostensiva para voltarmos ao trilho. Há pessoas que levam tão a sério o fato de desafiar limites que comprometem irresponsavelmente os limites dos outros. Colocam outras pessoas em risco, dirigindo em alta velocidade ou embriagados, por exemplo.

Será que alguém discorda que merecem um feedback firme e diretivo? Será que podem reclamar e chamar a multa ou uma prisão de feedback negativo?

Aprenda a prestar atenção nas mensagens que você precisa ouvir. Um filme, um bom livro, um professor, um amigo, um desconhecido... sempre algo ou alguém será o instrumento. Aprenda a prestar atenção nos sinais e nas mensagens. Aprenda a ler o significado, as entrelinhas.

Há quem reclame da forma como seus pais o tratam, já ouvi relatos sobre isso. Mas esquecem-se de que lhes devem respeito, pois foram eles que colocaram comida na sua boca quando nem sabia fazer isso. Em geral, só entendemos nossos pais quando recebemos a missão de ter filhos. É comum ouvir a frase: "Agora entendo por que minha mãe ficava tão irritada quando eu saía e não dava notícia..."

Aos filhos, deixo a mensagem: tenham paciência com seus pais. Pois não passam de crianças assustadas com medo de perdê-los. Aos pais, digo, respire fundo e confie! Pois se vocês ensinaram os valores corretos, estes protegerão sua prole.

Difícil é dar um feedback a quem não sabe receber. A quem age como criança mimada que não aceita o que não for o brinquedo que ela quer naquele momento. O que chamo de *escutatória* é a habilidade em decifrar o que está nas mensagens.

Se oratória é a técnica de falar, proferir, ministrar, *escutatória* é a arte de ouvir, decifrar, interpretar, aprender, observar, sentir...

Os artistas em *escutatória* sabem que o que importa é a mensagem, o que ela significa. Buscam nela um sentido, uma direção para corrigir o rumo da caminhada ou para intensificar os passos do caminho.

Artistas em *escutatória*, escolhem parar de reclamar e de maldizer os feedbacks que recebem para analisar e refletir sobre o que significam. Tenho relatos de pessoas que sofrem dizendo que ficaram traumatizadas com os ditos feedbacks negativos que receberam. Insisto que negativo é a forma ou o contexto, mas jamais o feedback. Na grande maioria das vezes, são pessoas refratárias às mensagens, que escolhem a imaturidade das reclamações em vez de refletir sobre o que as levou a receber tal mensagem.

Sofrimento também é uma escolha, ouvi de meus amigos budistas. Escolhemos continuar sofrendo ou podemos escolher outra direção. Há quem escolha o sofrimento por medo ou desconhecimento, mas ainda assim é uma escolha.

Positivo ou negativo é a forma e jamais a mensagem! Basta praticar a Escutatória e desvendar o real significado. Assim, não é feedback positivo ou feedback negativo. Há feedback dado ou recebido de forma negativa e feedback dado ou recebido de forma positiva.

Tudo conta neste momento: o olhar, os gestos, o tom de voz, a intensidade da respiração, o local, o estado emocional, o momento etc. Ou seja, é um conjunto de variáveis que, quando combinadas, compõem o feedback. Se você aprender a usar o método do presente que proponho aqui, conhecerá a ***Escutatória*** na sua forma essencial, fundamental, básica e simples.

Aprenderá a gostar de aprender. Aprender é uma habilidade, uma técnica, um jeito que só quem escolhe ser diferente consegue experimentar. Lembre-se: tudo é feedback!

Feedback de reorientação

Como o próprio nome já diz, reorientação vem de: "orientar de novo", de insistir na orientação, no ensinamento. É ação de *coaching*, de desenvolvimento, de preparação.

Este é um feedback mágico, pois carrega consigo um significado interessante nas entrelinhas:

> *"Acredito no seu potencial, portanto,*
> *oriento-o novamente."*

Sob o ponto de vista da reorientação, surge o papel de orientador do personagem fundamental nesta história: o(a) líder.

É preciso que quem está na liderança aja como mentor ou mentora, como contador ou contadora de histórias, como uma pessoa que se alimenta da vontade de ensinar os outros.

Neste contexto, reside uma grande oportunidade às organizações, que deveriam investir em um modelo de liderança e não somente em ter bons líderes. Investir em liderança significa moldar uma cultura, uma filosofia que ampara os modelos de relações e os objetivos globais organizacionais. Uma cultura forte é suportada por um modelo de liderança maduro e focado. Somente ter bons líderes não basta, pois no caso de saída destes, a empresa torna-se frágil. É preciso ter um processo vivo e contínuo que forme líderes a ensinar, que saibam formar e não somente informar.

Infelizmente, o que vemos são chefes sem paciência. Consumidos por necessidades de curto prazo, que se irritam facilmente, que não conseguem nem olhar nos olhos dos colaboradores sem expressar agressividade ou ironias.

Perceba o círculo vicioso terrível:

Ainda está em atividade uma geração de chefes "mal formados", ou sem formação, que aqui chamarei de "fósseis vivos".

São práticos que tiveram que chefiar no dia a dia sem o uso de técnicas, somente utilizando o método da "tentativa/erro" em suas decisões. Como em algum momento devem ter acertado, passaram a utilizar estes paradigmas como uma prática que repetem sempre ao se depararem com situações semelhantes.

O problema é que os novatos, aqueles que foram contratados pelo "fóssil vivo", quando conseguem realizar as atividades conforme foram mandados – sim, pois ele não sabe pedir – acabam aprendendo este jeito de fazer e, aos poucos, passam a considerá-lo como correto, já que foi assim que aprenderam. E para piorar a situação, também passam a repeti-lo, usando o falso paradigma como certo. E assim a cena se repete...

Pois é, vivemos nesta cadeia de malucos, em que, se houver algum questionador tentando propor outras maneiras de fazer a mesma coisa, este passa a ser perseguido, mesmo que de forma velada, até sucumbir em aceitar ou sair fora do circuito. Este é um recorte do mundo corporativo atual. Chefes que praticam métodos que um dia até foram publicados em estudos científicos no período da administração clássica e científica, pasmem, do início dos anos 1900. Houve, sim, um tempo em que se dizia que o homem não era pago para pensar, e sim para fazer. Mas peço que analise há quanto tempo isso foi dito. Entende agora por que chamo estes chefes como "fósseis vivos"?

Os "fósseis vivos" geralmente detestam orientar alguém, quem dirá então, reorientar. Por este motivo, este tipo de feedback passa pelas pessoas como um triste momento, pois quando o "fóssil vivo" decide fazê-lo, faz de uma forma totalmente desastrada, sem fundamentos, sem didática alguma, deixando o aprendiz até em situação de desespero: aponta o dedo, arregala os olhos, fica bufando como um touro bravo...

Geralmente, o "fóssil vivo" costuma usar deste expediente diante de todos os demais, porque quer que outros vejam o seu pseudo "poder", quer que o vejam sobrepujando alguém, para que possam "respeitá-lo" pelo medo.

Hoje, já é provado cientificamente que esta técnica é a mais inadequada e com a menor eficácia.

Saber orientar alguém é uma arte!

Posso afirmar que orientar é coisa de artista. É preciso ter certo nível de paixão para conseguir este feito. Contudo, como técnica, é possível desenvolvê-la através da prática, errando, aprendendo... Listei abaixo algumas dicas. Peço que reflita sobre os seus comportamentos como líder no contexto atual:

Pare de olhar para o computador

Esta é uma das práticas do "fóssil vivo", ele adora ficar olhando na tela de seu computador, máquina, relatório etc., quando alguém vem solicitar alguma orientação. Costuma dar a orientação sem nem sequer olhar nos olhos de seu orientando. Lamentável!

Tenho certeza de que você já viu algum desses na sua frente. Quando sou convidado a fazer algum trabalho de diagnóstico em ambientes de trabalho, gosto de ficar observando essas cenas, e vejo o quanto tenho de trabalho a ser feito. Isso me ajuda a aprender ainda mais e descobrir novas formas de ajudar estes líderes. É óbvio que nem todos estão dispostos a serem ajudados ou a mudarem, mas devemos influenciar sempre.

Esses indivíduos são incapazes de dedicar alguns breves segundos somente virando seu pescoço e dando atenção digna à pessoa que está à sua frente.

Lembrando que, atualmente, entenda como computador a grande maioria dos celulares que temos à disposição. Verdadeiras máquinas manuais de gerar distração. Envolventes e sedutoras, fazem com que os olhos e dedos percorram avidamente a tela em busca de uma informação nova, desprezando a vida do presente, daquele que está ao seu lado.

Há pais e mães que fazem assim com seus filhos e família. Preferem distrair-se com o computador em vez de escutar atentamente o que os filhos têm a compartilhar. Momentos simples em família estão passando despercebidos.

O poder da *escutatória* está em cuidar das coisas simples. Em viver estes momentos que não voltam nunca mais. Sim, momentos únicos em que o simples fato de dar segundos de atenção a alguém pode fazer toda a diferença.

Como professor, sempre procuro evitar as salas de professores. Prefiro, nos momentos de intervalo, estar no pátio, junto de meus alunos. Lá falamos de tudo, rimos juntos, ouço as piadas, participo de algumas delas, conheço os detalhes que jamais seriam compartilhados na sala de aula. Acabo descobrindo também informações valiosas do cotidiano de cada aluno, entendo um pouco mais do seu mundo, do contexto de vida deles, enfim, me "infiltro" no mundo por trás das cortinas da sala de aula.

Acredito que se os professores fizessem mais isso, os traficantes não entrariam tão facilmente dentro de nossas escolas, as agressões e o *bullying* tão comuns hoje em dia, seriam melhor combatidos, os tímidos e com baixo desempenho seriam melhor apoiados.

Tudo isso pelo simples fato de o professor escolher estar praticando a escutatória de uma forma diferente. Brincando e permitindo-se estar entre seus alunos, o verdadeiro centro e objeto da verdadeira educação.

O mesmo feedback podem receber chefes que não dão atenção à sua equipe, pais que desprezam a atenção aos filhos, professores que evitam o contato humano com seus alunos.

"Fósseis vivos" ignoram este risco e preferem dar atenção a "coisa" do que dar atenção a gente. Preferem o computador, o celular, o passatempo e deixam passar o tempo valioso de reorientar, de acompanhar, de viver e de conviver.

E lembre-se: é você quem escolhe! Somente você é responsável por suas escolhas, como já dito anteriormente. Ninguém é condenado a ficar no mundo das desculpas, de dizer que precisa trabalhar ou que isso é urgente etc. Seja responsável por suas escolhas e consciente das consequências.

Cuidado para não virar mais um "fóssil vivo"!

Quando alguém vier pedir orientação, invista nisso, pare o que está fazendo, deixe de lado por uns instantes a tela do computador ou outro equipamento que esteja utilizando.

É claro que nem sempre podemos atender prontamente, mas sempre é possível ao menos negociar isso:

Caso esteja muito ocupado no momento, certifique-se de que o caso não é de urgência absoluta. Se não houver problema, pergunte à pessoa se vocês podem combinar um horário para falarem sobre o assunto que ela solicita. Em caso positivo, marquem e, no horário combinado, procure-a, sente-se ao seu lado, ouça-a com atenção, deixe-a fazer todas as perguntas que precisa e oriente-a. Dedique seu tempo à orientação. Este é um dos seus papéis como líder, talvez o mais especial deles.

Estudos e experimentos que conduzi com milhares de líderes de todas as áreas, níveis hierárquicos e idades, mostram que, em média, o tempo total para um feedback baseado no que proponho aqui neste livro gira em torno de quatro a oito minutos. Ou seja, há alguns em que se levam o dobro para mais ou menos.

Sendo isso um dado a considerar, você vai me dizer que não tem tempo para ouvir alguém? Vai me dizer que não tem quatro minutos para dedicar a quem precisa compartilhar algo com você? Vai insistir em dizer que não tem tempo para feedback?

Ouça atentamente

Precisamos aprender a ouvir mais e melhor, atentar-se e dar mais importância ao outro.

Quando alguma pessoa o procurar pedindo orientação, em primeiro lugar, para compreender perfeitamente sua necessidade, é preciso saber ouvir: ouça com atenção, faça todas as perguntas que precisar para certificar-se de que a entendeu perfeitamente. Lembre-se de que temos dois ouvidos e uma boca, para ouvir mais do que falar. Pense nisso!

Como está a sua paciência ao ouvir? Você está dedicando o seu tempo e ouvidos às pessoas que o cercam?

Evite a palavra "não"

O uso de negativas nas frases do orientador soa como música fora do tom para quem está ouvindo. Procure produzir suas frases evitando ao máximo o uso de negativas. Parece difícil, sei disso, mas acredite, você consegue!

Basta tentar usar a mesma frase só que dizendo de outra forma, às vezes invertendo a ordem, até mesmo usando sinônimos e, principalmente, sua criatividade. Por este motivo, cultive o hábito de ler, pesquisar, aprender novas formas de dizer a mesma frase. Quanto mais versáteis forem seus discursos, mais incentivará a equipe a acompanhá-lo, você é o exemplo.

Lembre-se: dá para exigir mais qualificação da equipe se o próprio líder tem vocabulário limitado?

Quando ouço um líder dizendo "não faça assim", ou "está errado", ou "você não consegue...", identifico imediatamente um orientador ou orientadora despreparado para a arte de orientar.

Procure usar perguntas em vez de afirmações, como: "Você tem certeza?", ou "Será que existe outra forma de pensar sobre isso?". Faça com que seu orientando entre em cena, coloque-o no palco e não na plateia do aprendizado.

E como estamos falando de "orientação" neste capítulo, quero contar-lhe que, muitas vezes, ouvi a seguinte pergunta em minhas salas de aula e palestras: "Quantas vezes temos que reorientar alguém?" ou "Qual o limite para a reorientação?"

Esse modelo mental que prefere fixar espaços finitos ao aprendizado é o que procuro combater, além de levar todos à reflexão:

Qual o tempo necessário para se aprender a falar? Um, dois, três anos? Tem-se notícia de bebês que balbuciam sons compreensíveis desde os primeiros meses de vida. Outros precisam de muitos meses, talvez anos. Qual será o limite? Existem limites? Como educador apaixonado, prefiro crer que há sempre oportunidades de aprendizado.

É preciso aprender a analisar o contexto, perceber como o aprendizado está ocorrendo. Quais são as atitudes tanto do agente da orientação quanto de seu orientando...

Cada um tem o seu limite, seu estilo de aprendizagem, é preciso aprender a ler este limite. Usar a percepção também pode ser um bom caminho. O que você sente? Qual é a atitude que percebe? Vontade de aprender? Talvez isso o ajude a entender qual é o tempo necessário para continuar reorientando alguém.

Então, para poder responder esta dúvida de minhas plateias, devolvo a seguinte pergunta:

O quanto você ainda tem de disposição para ensinar?

Se me responder que tem pouca paciência para ensinar, então não reclame quando forem intolerantes com os seus erros no futuro.

Reorientar é dedicar-se ao verdadeiro caminho de apoiar o desenvolvimento, a evolução, o passo a passo rumo às melhorias, ao objetivo. Ou, como disse nos capítulos iniciais, ao porto que desejamos chegar. Quando reorientamos, trabalhamos em equipe para que o outro impulsione suas velas rumo ao seu destino, ao seu objetivo. Desta forma, acredito que reorientar é ato de nobreza, de valor imenso, de grandeza de alma.

Só almas grandes e valorosas conseguem inclinar-se e voltar a orientar alguém. Só pessoas que carregam dentro de si grandes corações permitem a realização desta nova chance de aprendizado, pois se reconhecem naquele que está precisando de nova orientação, sabem que não são infalíveis e que, a qualquer momento, podem ser elas a necessitarem se reorientadas.

Paciência é a chave e seu coração saberá dizer qual o limite. Acredite!

Feedback do elogio

Certa vez, ouvi de um importante executivo de uma grande empresa brasileira: "Elogiar é perigoso". Confesso que fiquei intrigado com tal afirmação. O mais intrigante ainda é que este momento ocorreu em uma de minhas turmas, em sala de aula. De imediato, percebi uma incrível oportunidade para levar meus alunos a um caminho diferente. E decidi estimular o debate baseado no que fora dito pelo aluno. Percebi certo desconforto em alguns, percebi que os que se manifestavam não tinham muita opinião formada a respeito, enfim, tive uma grande oportunidade de levar aqueles executivos a uma reflexão muito importante sobre feedback.

Comecei contando uma história:

"Lembro-me quando meu filho estava começando a andar. Ele ficava em pé diante do sofá da sala e, às vezes, meio cambaleante, arriscava-se a soltar a mãozinha. Tentando equilibrar-se, colocava um pezinho à frente e caía sentado. A cada queda, lembro que fazíamos uma festa com ele. Eu e meus familiares ríamos, batíamos palmas etc. Ele, aos poucos, também aprendeu a bater palmas, porque nos via fazendo assim... Recordo também do dia em que ele finalmente conseguiu andar sozinho. Aliás, fiquei tão empolgado que saí correndo e não resisti, tirei uma fotografia dele com sua fraldinha em punho, sua pantufa e macacão, caminhando pelo corredor da casa. Esta imagem está gravada na minha memória e ficará por toda minha vida.

Quando cansou, caiu sentado, saí correndo ao encontro dele, o pegamos no colo, levantamos, festejamos, comemoramos esta conquista, pois esta era uma das mais importantes que os pais anseiam por presenciar. Peguei o telefone e liguei para minha mãe e irmãos para contar o ocorrido, o evento que acabara de acontecer em nossas vidas. Fiz questão de falar a todos o que meu garoto já era capaz de fazer.

Tenho certeza de que você deve ter histórias como essa em sua vida. Talvez filho ou filha, sobrinhos ou amigos. Certamente já vibrou com uma pequena conquista dessas na vida de alguém. Já deve ter curtido um pouco desta empolgação, dessa conquista. Se ainda não, recomendo. Permita-se viver estes simples momentos. São marcas que ficam para sempre no coração. Ao vibrarmos com as conquistas do outro, proporcionamos a ele um dos tipos de feedback mais valiosos, o do elogio. E, pensando desta forma, sim, todos sabemos elogiar, basta nos permitirmos a fazê-lo. Comemorar com o outro os seus sucessos, as conquistas."

Então, por que pensar que elogiar é perigoso?

Qual o perigo envolvido nisso? Qual o mal existente em estimular alguém a continuar a fazer algo que fez bem-feito?

Por que deixar de incentivar que as boas práticas sejam repetidas?

Por que deixar de comemorar a conquista do outro?

O genuíno interesse com o bem do outro é que nos faz elogiá-lo.

Essas inquietações podem nos ajudar a refletir sobre o que fazemos no nosso cotidiano corporativo e familiar. Por que estamos aprendendo a temer o elogio? Fico imaginando quais traumas podem estar envolvidos nisso.

Sabemos elogiar, sim! Em algum momento da vida, acabamos nos bloqueando e, nesta insistência em não elogiar, acabamos até esquecendo como fazê-lo, mas, com certeza, sabemos.

Elogiar é presentear alguém com uma recompensa social. Esta recompensa é uma espécie de "pagamento" que o ser humano prefere receber quando estiver visível e presente na vida de outro ser humano. É uma forma de energizar o outro, mostrando a todos o que fora realizado. É uma forma de reforçar a aceitação, de mostrar que aquela pessoa pode e deve estar diante daquele grupo...

Para facilitar o entendimento, trago aqui uma dica que sempre me ajuda neste momento:

Elogio é como tempero:
Se colocar muito estraga.
Se colocar pouco, falta,
mas tem que ter.

A analogia que faço ao tempero é simples, mas traz muito sobre o que descrevo neste tópico. Comida com muito sal fica intragável, difícil de degustar, de saborear plenamente. Rejeitamos este excesso e, com isso, perdemos a refeição. Ao mesmo tempo, comida sem tempero algum fica sem graça, estranha ao paladar. É como se algo faltasse para completar aquela experiência. Apesar de ainda assim conseguirmos mastigá-la, ficamos com a sensação de que poderia ter sido melhor. O mesmo serve ao feedback do elogio.

No método da **escutatória**, trato o elogio como algo necessário, que precisa e deve ser feito. Algo que garante a real experiência, e que precisamos aprender a dar a dose certa.

Acredito fortemente que os exageros são perigosos. Tanto a completa falta quanto a extrema abundância, ambos têm seu alto risco. A essência está no equilíbrio. É preciso elogiar e, por esta ser uma técnica, deve-se conhecer e aprimorar a habilidade.

Se o valor está na dose, saber encontrar a medida certa é o grande desafio a ser realizado. É o que realmente traz a aprendizagem de todos, tanto de quem recebe quanto de quem realiza, pois ambos aprendem a dar um novo passo na caminhada.

Anotei a seguir algumas dicas que a prática da **escutatória** pode demonstrar. Lembra-se da técnica do presente? Disse que há presentes que podem e devem ser entregues em público e outros em particular. O feedback do elogio é o tipo de presente que pode e deve ser entregue em público, que precisa ter a energia compartilhada com os demais para ter o real sentido. O presente do elogio é algo que afaga, que conforta e que reforça a necessidade de continuidade.

Quando perceber que alguém fez algo legal, bacana, e que os outros deveriam conhecer, aproveite o "vento" da oportunidade e elogie!

Somente lhe peço atenção a um detalhe muito importante: reconheça aquilo que tem total vínculo com os valores da organização a qual você representa, para que todos percebam quais as atitudes reforçam a prática destes valores.

Eis as dicas:

• **Elogie o feito!** Focando no feito, o autor passa a ser peça fundamental para o resultado e não um ídolo a ser contemplado. O resultado, a conquista deve ser o grande foco de um bom e valioso elogio. Concentre-se no que foi realizado e não na autoria.

• **Está alinhado aos valores da corporação?** A pessoa a ser elogiada deve ser exemplo dos valores do ambiente ou organização que representa, pois, caso contrário, você pode dar uma mensagem totalmente incoerente com o que a organização espera de você como líder. O feito também precisa do mesmo vínculo com os valores. Lembre-se: você, como líder, deve agir como guardião dos valores.

• **Faça o ritual:** Ao reconhecer um feito, tome cuidado com os excessos ao citar o nome da pessoa muitas vezes.

Ao seguir as dicas acima, ajudará a dividir a "luz" gerada e evitará que você traga para o grupo alguns sintomas de elogios incorretos. Esses sintomas são altamente nocivos à formação do time e, em grande parte, são de total responsabilidade do líder que, muitas vezes, por desconhecimento da técnica, acaba gerando nas equipes os personagens a seguir:

• Os **"mercenários"**, aqueles que só trabalham se elogiados publicamente, caso contrário, perdem fortemente a motivação, passam a depender somente do agente externo (neste caso, o líder) para adquirir motivação e, quando este não faz, passam a apresentar problemas de comportamento. Em geral, são pessoas que pela imaturidade pessoal e profissional, ficam na eterna expectativa de um novo elogio vigoroso em público, e, quando este não vem, caem na tentação do fantasma do conformismo, ou também conhecido como "zona de conforto". Neste grupo, convivem pessoas que ainda não venceram a barreira da infantilidade. Em minha opinião, cabe à genuína liderança ajudar a resgatá-las deste círculo vicioso. No método que proponho neste livro, prego que devemos tratar essas pessoas como adultos. Ajudá-las a conquistar um novo patamar na vida, a buscar um novo estágio em seu desenvolvimento. E, neste sentido, saber elogiar na hora certa e do jeito certo só pode contribuir positivamente. Também é fato que estar no time dos "mercenários" é uma escolha. A pessoa pode adquirir consciência e aprender a viver o aprendizado em outros instantes da vida, em vez de esperar por elogios. É preciso aprender a curtir a realização silenciosa, a ter o olhar do artista, de experimentar o simples fato de poder fazer algo. Deixar de perder tempo com reclamações, de ficar com cara de poucos amigos só porque não recebeu seu justo elogio. Se você faz parte do time dos "mercenários", vou deixar uma dica:

Quer receber seu elogio? Elogie, então!

Quer receber seus méritos? Será que você tem dado os devidos méritos aos outros? Quer receber, mas não realiza? Estranho isso, não? Reclama que não o reconhecem, mas se eu perguntar o que tem feito para reconhecer os outros, qual seria a resposta? Silêncio? A imaturidade me impedia de enxergar o que realmente acontecia ao meu redor. Sei que fiquei por um bom tempo no time dos mercenários, choramingando pelos cantos por não ter sido reconhecido. Passei a agir da forma como queria que o mundo realmente fosse. Agradecer e reconhecer passaram a ser meus verbos de ação mais presentes. Aprendi que ser grato a tudo, aos acertos e aos erros, tem um sentido na vida. Pratico o reconhecer sempre, como se fosse ato de polir a joia preciosa à minha frente. O sorriso dos outros substituiu a tristeza do meu. Passei a enxergar a felicidade no brilho dos olhos dos outros. Convido-o a conhecer essa sensação.

• Os **"perseguidos"**, pois os demais do grupo passam a rotulá-lo com apelidos (creio que você já deve estar imaginando vários), que acabam fortalecendo até absurdos como assédio moral da equipe, o *bullying* corporativo. Perceba que, neste caso, a pessoa não fez absolutamente nada, bastou a liderança despreparada fazer elogio da forma errada e pronto, nasce mais um para o grupo dos "perseguidos". Nem preciso dizer que a vida de um perseguido passa a ser bem difícil a partir deste momento. O grupo é cruel e, geralmente, criam rituais que, declarados ou não, simplesmente tentam minar a energia dos perseguidos. Esses rituais incluem práticas como jamais apoiar nenhuma ideia ou proposta de alguém batizado neste time. Em uma reunião de trabalho, por exemplo, quando um perseguido traz uma sugestão ou posicionamento diante de um problema, o grupo ou ignora, ou contra-argumenta, combatendo mesmo que sutilmente o que foi apresentado pelo perseguido e, assim, a crueldade continua. Você já pode estar prevendo as consequências disso. Todos perdem:

* A pessoa, pois passa a perceber que o grupo não a aceita. Vê que suas ideias e propostas têm pouco valor e, se não tiver um bom controle emocional e propósitos firmes na caminhada, aos poucos sucumbirá;

* A liderança, pois vê seu time ficar desagregado e com os integrantes divididos em subgrupos;

* A empresa, que passa a receber menos performance, pois as disputas internas na equipe colaboram para a perda de resultados, ou no mínimo, reduzem o potencial produtivo de uma equipe que poderia estar agindo mais unida.

Se você se sente parte do time dos "perseguidos", posso dizer que precisa ter bastante controle emocional. Busque isso. Aprenda a ler os sinais da equipe. Invista na construção de relações duradouras com pessoas que realmente pratiquem os valores da empresa, pessoas que estejam ali focadas no coletivo e não no individual.

Posso afirmar que o caminho não será fácil, principalmente se for um dos novatos.

Caso você esteja na função de liderança em seu time, recomendo praticar o que proponho neste livro, pois sua equipe é o reflexo da sua liderança. Cabe à liderança conduzir o processo e, para isso, precisa desenvolver a técnica de dar feedbacks de forma mais construtiva e valiosa. O que jamais recomendaria é deixar de elogiar só porque não sabe como fazê-lo. A falta do elogio é muito triste e desanimadora.

Elogiar é reconhecer. Ou seja, conhecer de novo. É como se uma nova oportunidade de conhecimento estivesse à sua disposição, esperando para ser assimilada, absorvida por todos.

Reconheça! Cuide para que as pessoas se sintam à vontade para melhorar o que já se faz bem feito.

E mais um dos seus papéis como líder: aprenda a comemorar os sucessos, a reconhecer os feitos, a elogiar e vibrar com as conquistas do outro. É o time que traz os resultados, o líder é somente um agente da condução, da orientação estratégica ao foco nos resultados. Faça na dose certa, na hora certa, do jeito certo. Tenho certeza de que colocando em prática a técnica do presente e os princípios da escutatória, conseguirá desenhar um horizonte lindo para sua equipe. Pratique!

Feedback da demissão

Dos tipos de feedback, talvez este seja o mais emblemático de todos.

A demissão é, com certeza, um grande momento de resposta e muitas podem ser obtidas mesmo após uma saída de emprego.

Contudo, antes preciso abordar os avisos que precedem a demissão. Sim, pois, em geral, este fato já teve alguns avisos antes. Pode ser que os avisos foram reais, documentados, oficiais. Ou pode ser que tenham vindo de forma indireta, sutil ou informal.

Ninguém pode receber este tipo de notícia e ser surpreendido. Se isso aconteceu, algo muito importante, que deveria ter sido feito antes, foi deixado de lado por ambas às partes: o feedback. Já falamos sobre isso anteriormente.

Em muitos momentos, é necessário emitir as conhecidas "advertências" verbais ou por escrito. Bons líderes sabem que devem zelar pela harmonia do time e que, para isso, em certos momentos, precisam notificar oficialmente alguns de seus membros sobre determinadas posturas ou desvios do combinado.

Há pessoas que ao receberem os avisos de advertência, acordam e retomam a caminhada corretamente. Voltam ao time e recomeçam a participar, a colaborar. Às vezes uma punição leve ajuda a rever a conduta, a refletir sobre as consequências possíveis, sobre o caminho que está sendo adotado. Conheço pessoas que assim que levaram a primeira multa emitida por um policial, sendo repreendida por este oficial da lei de forma correta, passaram a dirigir com segurança.

Da mesma forma, tenho certeza que você conhece pessoas que nem se importam com a repreensão ou mesmo com a multa. Preferem tentar algum método para driblar a ocorrência ou até tentam subornar o agente de trânsito. Vi alguns desses outro dia participando de passeatas contra a corrupção no país. Algo incoerente, não?

Ou seja, a advertência oficial pode vir via mensagem direta de alguém, seja da empresa, da família, do trânsito etc. A advertência pode vir sutil e discreta também.

Lembro quando meu filho era pequeno, que ainda viajava na cadeirinha de crianças no carro. Certo dia, apressado, acelerei diante do sinal amarelo e passei em cima da hora de virar para vermelho. Estávamos somente eu e ele no carro, eis que ouço a voz dele atrás de mim perguntando-me:

– Pai, pode passar correndo no amarelo? É que a professora da escola disse que no amarelo é bom parar.

Suei frio para responder, gaguejei um pouco e disse-lhe:

– Sim, filho, sua professora está certa.

Às vezes a sutileza vem das crianças, pois elas não têm filtros nas mensagens, dizem o que lhes parece correto dizer. Veja que, no meu caso, minha advertência não veio escrita, formalizada, mas veio em uma voz amiga e de onde eu menos esperava, do meu garotinho. Confesso que até hoje, quando passo por um sinal amarelo, parece que ouço a mesma perguntinha vinda do banco de trás do meu carro. Tenho procurado parar em todos os sinais amarelos que as avenidas me apresentam, e espero que este sinal me sirva de proteção.

Há advertências no trabalho que nem sempre vêm sob a forma de reprimenda de comportamentos. São sinais discretos de que algo está em desarmonia com o conjunto da obra. Há chefes que reclamam por nunca terem sido convidados para as saídas de finais de expediente que a equipe faz, há colegas que se dizem "excluídos" por não serem lembrados nos passeios ou momentos de informalidades do grupo. Tais são "advertências" que o grupo está emitindo de que algo está, no mínimo, estranho.

Outros avisos também podem ser descobertos mantendo mais atenção sobre o mercado em que a empresa atua. Há profissionais que trabalham muito, mas que, se você perguntar-lhes como está a empresa, se está bem no mercado, se está crescendo, se está dando lucro etc., ficam em silêncio ou até dizem: "Sei lá!". Pois eu preciso dizer que deveria saber, sim. Precisa saber se o terreno onde está pisando está seguro ou instável. Essa atitude também pode ser uma advertência de carreira que deve ser considerada, pois há motivos de perda de emprego relacionados a isso.

É papel do líder garantir a plena transparência em todas as informações. É dele a missão de deixar claro como está empresa, o mercado, os profissionais em seu time e, neste caso, é o feedback a ferramenta. De forma protagonista, é dever de todos estarem sempre atentos e buscando as informações de que precisam.

Não sabe a estratégia da empresa? Pergunte. Não sabe como está o mercado em que a empresa atua? Pergunte. Seu chefe não lhe dá informações? Pesquise. Mas não fique esperando o bonde andar e você ficar para trás.

Quando digo isso em minhas salas de aula ou palestras, há alguns que me procuram nos intervalos e dizem: "Eu fui demitido e nem desconfiava que isso aconteceria...", e eu interrompo e pergunto: "Mas como não desconfiava? Onde você estava? O que estava fazendo que não se antecipou às mudanças?" Fatalmente recebo a resposta: "É... acho que fiquei na zona de conforto!"

Conhecer a situação pressupõe transparência. Peço que reflita: o quanto você tem sido transparente com as pessoas ao seu redor?

Transparência é valor. Faz parte da essência, ou seja, não pode faltar. É componente essencial para a existência de um time de alta performance. Você é transparente com os seus? Há pessoas que são demitidas e sentem vergonha ou medo de contar em casa. Com certeza, não houve transparência no período em que esteve empregado, certamente nunca compartilhou com seus familiares seus medos, suas angústias, suas aflições. Então todos ficaram imaginando que estava tudo bem e, no final, a surpresa!

Outro componente que faz parte da essência é a confiança.

E para esta, trago a seguinte reflexão: muitos gestores dizem: "Confie em mim", e é aí que mora um grande equívoco.

A confiança é doadora e não tomadora, ou seja, primeiro você confia, primeiro você dá confiança. Não existe mais ou menos confiança, ou construir confiança.

Confiança: ou você tem ou você não tem. Da mesma forma que não é possível dizer que está meio grávida! Ou está, ou não está.

Desconfiança, sim, pode existir em níveis, você pode desconfiar mais ou menos, mas confiança não. Ou você confia, ou não confia.

Certa vez ouvi de um dos gestores que tive:

– Rodrigo, agora você adquiriu minha confiança!

E eu lhe respondi:

– Mas..., depois de dois anos ?!

Fiquei intrigado imaginando: o que será que ele pensava de mim durante os mais de 700 dias que havíamos passado juntos antes de ele me dizer isso? Possivelmente, eu devia estar sendo vigiado o tempo todo.

Talvez ele tivesse me dito isso, para que eu, a partir daquele momento, pudesse respirar mais aliviado...

Ou seja, quer confiança? Primeiro, confie!

Depois de todas essas reflexões acerca da transparência, da confiança, vamos conectá-las ao tópico do feedback de demissão.

Como tratei anteriormente, nem demissão, nem promoção podem ser surpresa. Se for, já foi feito errado.

Dividirei aqui o feedback de demissão em dois grupos: o individual e o coletivo.

Individual: aquele em que o gestor decide pela demissão de um de seus colaboradores. Com certeza, este momento não é dos mais agradáveis, contudo é mais uma das decisões de gestão.

Uma vez ouvi de um de meus professores:

"Contrate lentamente. Demita rapidamente!"

Ou seja, ao contratar alguém, certifique-se de que está tomando a melhor decisão, esgote todas as formas possíveis de análise, invista tempo para descobrir se esta pessoa está alinhada aos valores organizacionais. Mas, se precisar demitir, demita logo, não fique atrasando a decisão, pois se você não tomar providências logo, os demais do time podem entender que você dá privilégios à baixa performance ou que aceita comportamentos fora do combinado.

Vamos às dicas:

É muito importante que esta pessoa já tenha recebido todos os feedbacks necessários sobre avaliação de desempenho individual, contrato de entregas, comportamentos etc. Tudo deve ter sido feito antes para preparar esta decisão. Logo, tenha respostas para questionamentos como:

• Esta pessoa passou por todos os treinamentos e capacitações necessárias para o pleno exercício de suas atividades?

Tipos de feedback

185

- Está sendo remunerada adequadamente em justiça com ambiente interno e externo à organização?
- Recebeu todos os feedbacks de reorientação necessários?
- Ela está fazendo o que o cargo dela prevê para sua atividade? Ou está tendo que desempenhar outros papéis?

Se você está na liderança da equipe e não conseguir responder plenamente às perguntas acima, o feedback é para você! Pode indicar que o problema é de gestão e, neste caso, será que o demitido não deveria ser você? Pense nisso antes de propor demissão.

Estas e outras perguntas devem ser formuladas a fim de orientar a tomada de decisão, para que esta seja a mais acertada possível.

Decisão tomada, atenção às anotações abaixo:

- Tome todas as precauções em relação à documentação necessária, aviso prévio, orientações gerais ao desligamento e tenha tudo à mão para a reunião de desligamento;
- Prepare uma sala reservada e certifique-se de que não haverá interrupções ou distrações no ambiente;
- Com a pessoa na sala, mantenha a calma e comunique o desligamento. Mantenha a serenidade e transparência;
- Fique atento às reações da pessoa. Algumas reagem de forma fria, outras, neste momento, exaltam-se. Ambas as reações merecem atenção. Com os exaltados, mantenha a calma, deixe a pessoa falar, ouça com atenção o que ela tem a dizer, quando perceber que há espaço, diga que lamenta e que compreende o seu momento, mas que já haviam falado sobre esta possibilidade antes (desde que você já tenha dado todos os feedbacks de reorientação ou advertências anteriores necessárias);
- Pergunte a ela sobre o que fora combinado com as entregas (contratos), prazos combinados entre você e ela, escute com atenção, e verifique se ela entendeu os motivos;
- Diga que a decisão já está tomada e é irrevogável;

• Agradeça todo o tempo e dedicação dispensados por ela e apresente o plano de desligamento oferecido pela organização;

• Se a pessoa perguntar se pode conversar com algum superior hierárquico além de você, se houver a possibilidade, diga que até é possível marcar um encontro, mas que a decisão foi compartilhada por todos os demais gestores e que é definitiva;

• Se questionar se poderiam tentar uma transferência de setor, diga-lhe que todas as alternativas já tinham sido estudadas por você e pelos demais gestores, e que, para terem tomado esta decisão, avaliaram todas as opções, inclusive esta;

• Após ter esclarecido tudo, torne a agradecer e desejar sucesso ao agora ex-funcionário em sua jornada e encaminhe-o ao departamento pessoal para os trâmites burocráticos necessários;

• Ao concluir, imediatamente reúna os integrantes do time e faça uma comunicação a respeito. Esclareça que a organização e você agradecem todo o tempo e dedicação do ex-funcionário, e que o ciclo com aquele colaborador chega ao fim;

• Esclareça que você e a pessoa demitida já haviam falado sobre esta possibilidade antes no momento dos feedbacks e/ou acompanhamento de atividades que eram realizados. Oriente-os a respeito das atividades que esta pessoa realizava como quem responderá por elas, qual o *status*, se terá um substituto sendo contratado etc.

Coletivo: também chamado no mercado de demissão coletiva. Este, sim, é um grande teste para o sistema de feedback e para os valores corporativos. Pois colocará à prova todos os sistemas de RH, como comunicação interna/externa, capacitação, avaliação de performance etc.

Em um período de minha vida, trabalhei em um lugar muito querido. Cara de empresa de família que, apesar de ser de grande porte, sempre se apresentava com uma informalidade acolhedora. Respeitada pela bela história de seus fundadores e conduzida por uma mistura de gestão familiar e gestão profissionalizada.

Esta empresa também sofreu com crises internacionais, com pressões de governo, como todos os concorrentes. Em um momento, parou e revisitou seus valores e crenças, construiu uma visão em um modelo realmente visionário que enchia os olhos de seus colaboradores.

Infelizmente, as pressões externas, a imaturidade profissional da alta gestão, e a falta de um modelo de liderança instituído e forte fez com que talentos deixassem de admirar este local e, aos poucos, essa bonita história passou ser escrita de forma distorcida e confusa.

Em um dado momento do ano, a gestão percebeu que teria riscos no negócio em breve, já que as receitas e a participação no mercado vinham diminuindo com certa intensidade. Algumas medidas internas foram tomadas, visando reduzir custos e despesas operacionais, mas, infelizmente, não surtiram efeito, pois o problema era com o atendimento ao cliente no mercado. Algumas reuniões entre a alta gestão e a média gerência foram feitas a fim de tentar informar a todos a situação e tentar trazer certo engajamento diante do momento crítico à vista. Porém, a inexistência de um modelo forte de liderança bloqueou a correta comunicação e engajamento, dando espaço à instauração de um sistema altamente eficaz de troca de informações. A tão conhecida "rádio-peão" ganha força e mina as tentativas de reforço ao propósito corporativo. Este veículo de comunicação é fortíssimo e, se a liderança não age a tempo, ela permeia toda a corporação em instantes.

E foi justamente o que aconteceu. Em questão de dias, muitas pessoas já sabiam o que iria acontecer nas semanas seguintes, corria uma "lista" dos nomes dos que seriam demitidos, havia até uma espécie de "bingo" ou "bolão", e todo o tipo de boatos e brincadeiras que só tinham o objetivo de evidenciar ainda mais a fragilidade da liderança e tentar alertar a todos do mal que estava por vir. Quando perguntávamos à alta gestão se tudo o que diziam nos corredores era verdade, ouvíamos: "Calma, vamos focar nos resultados...", e ninguém ousava comunicar realmente, engajar e agir com transparência e profissionalismo com os que dedicavam horas de seus dias e vida à empresa.

Discursos dos chefes eram sempre evasivos e sem conclusão.

E eis que as previsões da "rádio-peão" se confirmaram!

Exatamente na data informada nos corredores, esta gestão atrapalhada desencadeou uma sequência de atos de demissão, semelhante a dos times de futebol: demite-se o técnico e toda a sua comissão de preparadores junto.

E o fizeram da forma mais bruta e sem significado possível: reservaram salas de reunião, chamaram os "escolhidos" um a um, e, em um discurso ensaiado, entregaram a carta de demissão a cada indivíduo. Esta prática foi tão mal arquitetada que levaram dois dias inteiros para concluir todo o abate interno.

Mais de 200 pessoas foram literalmente cortadas nestes dias... Tristes dias! Muito choro, muita tristeza no ar, clima tenso, pessoas ansiosas, com medo, aflitas, revoltadas.

Eu estava nesta lista. Dias difíceis foram aqueles, confesso. Lembro-me do conteúdo da carta de demissão que recebi. Um infeliz texto que até hoje uso em meus cursos de liderança como contraexemplo, ou seja, o que jamais escrever em uma carta de demissão. Na que recebi estava escrito somente o seguinte parágrafo:

"Comunicamos que, a partir da data abaixo, não contaremos mais com os vossos serviços."

Nada de agradecimentos pelo tempo, pelos conhecimentos, pelos resultados, pelo suor empenhado, pelas vezes em que defendi a marca, por levar a marca como meu sobrenome, por literalmente influenciar meus familiares e amigos a consumirem produtos desta marca, por dedicar anos de minha vida em contato com esta empresa.

Você pode até argumentar que fui pago para realizar tudo o que descrevi acima, mas saiba que reconhecimento é muito mais valioso que salário. A empresa escolhe, mas o profissional também escolhe a empresa. Eu e minha família ficamos de luto por alguns dias, porém, no meu caso a demissão foi um passo importante para meu aprendizado e crescimento.

Não me refiro aqui à decisão de negócio. Pois situações desse tipo podem acontecer em qualquer organização, em todo tempo. Não será a primeira e nem a única e creio que esta também é uma saída para melhorar a performance.

Já demonstrei anteriormente que o feedback de demissão também pode ser entregue no formato de presente. Sabe aquele presente que disse que deve ser entregue em particular? Pois é justamente este. Pode parecer ironia minha chamar demissão de presente, mas asseguro que há empresas que sabem muito bem como conduzir este processo com toda a transparência e respeito. O fazem tão dignamente que os demitidos saem tristes, é claro, mas jamais inimigos ou magoados com a corporação.

Em seu brilhante livro *Como transformar sua equipe no seu maior patrimônio*, Lorraine G.-West relata detalhadamente como a empresa americana Southwest Airlines tornou-se referência mundial em engajamento de colaboradores, sendo considerada uma das maiores e melhores empresas para se trabalhar. No livro, Lorraine trouxe exemplos em que a companhia, mesmo nos momentos de sérias crises do setor após o fatídico Onze de Setembro, por exemplo, conseguiu manter-se firme no mercado. Realizaram cortes, mas estes foram feitos de forma tão respeitosa e responsável, que os demitidos relatam o cuidado e o interesse genuíno em apoiar-lhes como o grande diferencial. Muitos destes foram readmitidos pela companhia anos depois, nenhum ficou desempregado por mais de 60 dias, e todos foram assistidos pela empresa até que fossem plenamente recolocados.

A seguir, enumerei algumas providências que os líderes, como no caso citado da empresa anterior, poderiam ter tomado. Espero que o ajudem a prevenir novos desastres em demissão coletiva, caso este cenário seja realmente inevitável:

- Garanta a comunicação correta a todos na organização sobre a situação financeira atual e necessidades de ajustes: faça reuniões claras, grave vídeos para distribuir via intranet, envie mensagens em reuniões de equipes. Tudo isso muito bem orquestrado pelo time de comunicação interna e de recursos humanos, focando no engajamento, no comprometimento de todos com a situação que estaria prestes a acontecer;

• Envolva a área de treinamentos para que desenvolvam capacitação focada em: fortalecimento de carreira, planos de desenvolvimento individual, medições e melhoria de resultados e *gaps* de carreira etc., que seria oferecido gratuitamente no horário normal de trabalho, acompanhado por psicólogos, especialistas em recrutamento etc.;

• Já que a decisão de corte de pessoal está tomada, instale um plano de demissões voluntárias para que aqueles que, por algum motivo, tinham a intenção de sair, possam se manifestar e serem indenizados em comum acordo. Isso já reduziria, em muito, o percentual de cortes sem justa causa;

• Envolva todos os níveis de gestão e utilize todos os instrumentos de medição de desempenho internos, a fim de ter o máximo de informações para a escolha dos nomes que seriam indicados ao grupo de demissão. Tome muito cuidado com profissionais prestes a se aposentar (existem sucessores formados para eles?), profissionais com altas notas em avaliações de performance, profissionais que detêm conhecimento crítico e estratégico para o negócio (que a concorrência iria imediatamente assediá-los em caso de uma saída), profissionais que foram trazidos recentemente de organizações por terem conhecimento ou habilidade rara e indispensável para a área. Fique à vontade para engrossar esta lista de pontos de atenção, desde que a decisão de cortar quantidade de pessoas somente pelo número de funcionários por área seja a última de todas;

• Convide um dia antes da demissão todos os "escolhidos" para uma reunião em sala fora dos perímetros da empresa, uma sala de hotel, por exemplo. Com todos no mesmo auditório, organize para que os principais líderes da organização façam uma comunicação clara e sempre muito bem orientada para cuidar das pessoas ali presentes. Tais líderes devem dar a mensagem de que estão ali para um assunto que exige alto nível de profissionalismo de todos, que é o desligamento. Devem também ser transparentes, trazer à tona todas as ações que foram tomadas, quais os resultados foram obtidos até o momento etc. e, finalmente, devem informar que os profissionais de recursos humanos foram incumbidos de cuidar de todos os presentes. Acionar agências de recolocação, psicólogos e demais profissionais especializados em recursos humanos, para que orientem e ajudem na preparação da transição. Em outro ambiente, estariam empresas parceiras, não concorrentes, que tinham vagas abertas no perfil de muitos dos presentes na sala, empresas que já estariam realizando a própria entrevista de emprego ali mesmo. Perceba que muitas ações poderiam ser tomadas para preservar as pessoas escolhidas de todo e qualquer constrangimento ou insatisfação com o feedback de demissão;

• Acione a área de comunicação interna e externa para que oriente todos os gestores e, em conjunto, garantam total transparência a todos os que ficaram. Um trabalho com os psicólogos da empresa também pode ser bem-vindo para acolher algumas reações emocionais naturais;

• Entregue a cada um dos escolhidos uma carta de recomendações e/ou referências, assinada de próprio punho pelo presidente da corporação, agradecendo o tempo dedicado, os serviços prestados e a lealdade. O presidente e demais gestores da empresa devem imediatamente comunicar a decisão de corte de pessoal a todos os que ficaram, clarificando toda e qualquer dúvida que ainda reste. Pois quem ficou ainda não tem certeza se também pode estar em uma próxima lista. Lembre-se: a "rádio-peão" sempre existirá e o que você, como líder, deve fazer é antecipar-se a ela o quanto antes. Trata-se de comunicação preventiva. O mercado também deve ser informado para evitar boatos que possam reduzir ainda mais a atratividade para bons profissionais, pois a empresa precisará continuar contratando no futuro, certo?

Tenho certeza de que você também tem outras sugestões. O que pretendo aqui é trazer a reflexão de que o feedback de demissão, seja ele individual ou coletivo, não pode ser surpresa e, caso seja necessário, precisa ser feito de forma responsável.

Vale ressaltar que, no momento da demissão não é hora de dar feedback, e sim, de informar sobre o desligamento.

É muito importante evitar ficar se justificando ou dando sermões e conselhos. As orientações deveriam ter sido realizadas antes. Na demissão, demite-se e pronto!

Tenha certeza de que há muita energia negativa no ar neste momento. Há estudos que provam que o impacto emocional envolvido no processo de uma demissão é comparável à dor da perda pela morte de um familiar muito próximo.

Sendo assim, acima de tudo, o respeito é esperado no momento de uma demissão responsável.

Feedback do mercado

É aquele que mostra o eco de suas ações fora dos limites de sua atividade profissional atual. Este tipo de feedback funciona como uma atmosfera ou camada de propagação de efeitos produzidos pelas suas ações. Ao compreender o funcionamento desta camada energética, você poderá fortalecer os pontos que já faz bem e identificar oportunidades de melhoria que o conduzirá aos seus objetivos.

Estamos em um momento da história em que a sociedade está a cada dia mais conectada e sintonizada, e compartilhando informações. Interagir é o verbo mais utilizado. Houve um tempo em que, para se ter algum "sucesso" na carreira, os profissionais tinham que se preparar para competir sozinhos, concorrendo e disputando somente pelas habilidades individuais, técnicas através de testes de raciocínio lógico, conhecimentos gerais.

Em seguida, os modelos de seleção migraram para buscar profissionais com capacidade de competição e de cooperação. Surgem as dinâmicas de grupo nos processos seletivos, em que os avaliadores incluem agora a habilidade do indivíduo de trabalhar junto com outros, de realizar entregas em conjunto. Certamente, você já participou de alguma.

E, como tudo na vida faz parte de um grande ciclo de evolução, estamos presenciando, nestes tempos, um novo modelo de interação social: a sociedade em rede.

Aqui, chamarei de sociedade em rede todas as relações humanas através de meios relacionais ou tecnológicos. Resumindo, trata-se da era das redes sociais. Se está por fora deste assunto, já é um feedback para você, pois o tema é a onda que estamos vivendo juntos.

Nestes espaços virtuais e presenciais, pessoas de todo o planeta conectam-se, trocam mensagens, opiniões, conhecimentos, dúvidas, aprendem, discutem, debatem, negociam, trabalham, ou seja, é o novo cenário disponível à realização das necessidades humanas de socialização.

Do ponto de vista de interações presenciais, estas são realizadas quando as pessoas decidem encontrar-se para discutir, aprender, colaborar, trabalhar, negociar etc., só que da forma "antiga", presencialmente, como exemplo enumero os congressos, palestras, encontros de grupos de especialistas promovidos pelas entidades de classe, universidades, instituições que defendem e/ou promovem o compartilhar e a inovação.

Assim, destaquei algumas dicas para que você possa aproveitar ao máximo e surfar nesta onda que muitos especialistas já tratam como um verdadeiro tsunami mundial das inter-relações.

Como está a sua rede de contatos atual?

Como você está cuidando da sua rede de contatos? Há quanto tempo você está "invisível" a ela?

Seu *networking* é o melhor instrumento de orientação de carreira existente na atualidade, e é praticamente gratuito! Isso mesmo, digo gratuito porque o considero como um grande investimento e, como tal, ele retorna ao investidor com ganhos, não traz despesas como outras atividades e cria oportunidades.

Tenho convivido com pessoas que têm me ensinado muito a respeito e quero aqui compartilhar o que tenho conseguido assimilar:

Sobre os encontros presenciais:

• Se você está frequentando algum curso de curta ou longa duração, então aproveite porque está com uma grande oportunidade em mãos para reforçar sua rede: conheça e seja conhecido. Interaja, evite ficar só na sua cadeira em um canto da sala, ouvindo o professor discursar. Como professor, tento sempre estimular meus alunos a interagir. Eis algumas dicas.

* Participe de vários grupos de trabalho diferentes, evite fazer as atividades em grupo somente com as mesmas pessoas. Deixe que outras conheçam você e as conheça também;

* Pergunte, apresente suas dúvidas, coloque-se no palco;

* Registre as opiniões que mais o interessaram, depois converse com as pessoas a respeito. Mostre o seu interesse no ponto de vista delas e elas também se interessarão pelo seu;

* Quando em atividades em grupo, dê sua opinião, debata, apresente seus pontos de vista, evite ficar mudo ou sem expressão. Treine sua oratória de vez em quando, coloque-se como voluntário do grupo para apresentar o trabalho da equipe a todos da sala.

• Atenção aos eventos, congressos, palestras etc. Tais encontros são excelentes terrenos para semear novas redes. Sempre leve seus cartões de visita, você vai precisar! Mesmo que não esteja trabalhando, tenha o seu pessoal. O que importa é deixar algo seu nas mãos da outra pessoa que você conheceu e que, por algum motivo, quer manter contato.

* Aproveite os momentos das apresentações: anote tudo o que achar interessante e, quando abrirem o espaço para perguntas, atreva-se e pergunte! Formule uma pergunta

legal contendo alguma fala do palestrante, permita-se ser visto por todos os demais ouvintes. Afirmo que podemos arriscar a deduzir o nível intelectual de uma pessoa pela qualidade das perguntas que ela faz. Você logo terá o feedback da qualidade da sua pergunta, se o palestrante conseguiu entendê-la, se as outras pessoas a anotaram, pois neste caso ela foi considerada como enriquecedora de conhecimento e, pode ter certeza, no *coffee break*, alguém irá o procurar para conversar sobre ela. Pronto! Você fez o ciclo perfeito! Trouxe conhecimento para os outros, foi visto e semeou *networking*, e lembre-se de trocar cartões com as pessoas que o procuraram no intervalo.

* Mais um detalhe a acrescentar: estes encontros são os preferidos pelos profissionais que ficam "mapeando" e buscando executivos para as empresas, os chamados *head hunters*, ou seja, seja visto! Quem sabe aquela pessoa que veio conversar com você é um desses caça-talentos que se interessou em o conhecer?

• Reuniões de trabalho também são outro momento muito importante para fortalecer sua rede de contatos. Fico impressionado como existem pessoas que perdem essa oportunidade: entram mudas e saem caladas das reuniões! Um desastre! Eis algumas dicas:

* Mantenha uma boa organização do seu tempo e de suas atividades, pois, se você for chamado a comparecer em uma reunião de trabalho, precisa estar de corpo e alma lá e não pensando em coisas que ficaram por fazer na sua mesa;

* Chegue no horário, se possível, alguns minutos antes. Lembre-se de que os que chegam antes pegam os melhores lugares;

* Anote os pontos mais importantes sempre. Faça perguntas, interaja. Coloque suas opiniões, fique atento aos movimentos de conhecimentos na sala. As reuniões também

são momentos que, no mundo corporativo, algumas pessoas usam para aparecer. Nem todas conseguem do jeito certo, assim alguns costumam usar de expedientes reprováveis, como piadas ofensivas e críticas negativas em excesso, porque veem o espaço como uma sala de competição e não de colaboração. Se isso acontecer, mantenha a calma. Você já está recebendo um feedback: oportunidade de dar feedback a alguém, de melhorar a sua sintonia com outras pessoas, de afinar seu discurso, de conhecer mais sobre o assunto para poder contribuir ainda mais etc. Colha os frutos das suas ações. Tudo que acontecer na reunião de trabalho é consequência de ações que você fez ou deixou de fazer no passado: ou interagiu pouco antes com as pessoas que foram chamadas para a reunião, ou não se apropriou totalmente do assunto que seria tratado etc., analise sempre o contexto por "detrás das cortinas". Mas nunca se permita ficar mudo em uma reunião. Isso, sim, é desperdício de tempo!

* Lembre-se: vire os holofotes para você de vez em quando. Deixe que outras pessoas de outras áreas da empresa o conheçam. Doe seu conhecimento sempre de forma generosa. Considere que talvez as suas chances de promoção estejam nas reuniões de trabalho que participa ativamente. Pense nisso!

Sobre os encontros virtuais:

Quais são as redes sociais que você participa? Muitas estão à disposição, como Facebook, LinkedIn, SlideShare, blogs, comunidades de prática etc. Podemos dizer que as redes sociais são como uma grande praça virtual onde as pessoas se mostram e se conectam a partir de interesses em comum.

Em minha carreira, passei pelo momento de demissão. Não fui surpreendido porque já estava atento aos movimentos que estavam ocorrendo na empresa. Já via projetos sendo congelados em outras áreas, altos executivos sendo desligados, áreas tendo sua importância reduzida, enfim, vários sinais de que as coisas não andavam bem.

Sou um apaixonado pelo *networking*, presencial ou virtual e, acredite, tudo o que relato nesta obra é de minha prática diária: sempre participo de eventos, atuo como palestrante, professor, condutor de reuniões de trabalho, leio materiais publicados em blogs, participo de fóruns de discussão via redes sociais, entre outros. Sempre mantive meus contatos ativos, seja compartilhando textos interessantes via e-mail, postando em blogs, ou combinando para nos encontrarmos em eventos comuns. E isso tem um enorme valor.

Assim que recebi a fatídica notícia de meu desligamento, me lembro que entrei no carro, respirei fundo, ainda meio abalado emocionalmente, e recordei e pensei: "eu sou minha rede de contatos".

Ao chegar em casa, ainda meio sem fôlego, sentei-me à frente de meu computador, escrevi um e-mail bem simples, curto e direto e coloquei na cópia todas as pessoas que, de alguma forma, consegui manter em minha rede: ex-colegas de trabalho que admiravam minhas atividades, contatos que troco conhecimentos via internet e amigos queridos. Isso, penso, fiz às 18h, aproximadamente.

Às 18h20, o fenômeno começou a acontecer: um primeiro contato via Twitter me pediu para que ligasse imediatamente para ele. Era um ex-colega de trabalho que estava e à procura de uma pessoa com o meu perfil. Disse-me que pensou em me chamar, mas que imaginou que eu não quisesse sair da empresa em que estava, mas que agora a vaga seria minha! Ouvir isso foi muito legal, agradeci-lhe muito, e prometi que, assim que colocasse a cabeça no lugar, conversaríamos.

Às 18h42, outro amigo querido me ligou. Disse que não perderia minha competência, que também tinha uma oportunidade, e que fazia questão da minha presença em sua equipe. Já marcara uma entrevista com sua diretora para que ela me conhecesse e, além de tudo, fizera com ela uma grande propaganda a meu respeito. Mal desligamos o telefone, ao acessar meu e-mail, vi mais três outras propostas de trabalho.

Ao todo, em dois dias, acumulei sete propostas diferentes. Todas muito interessantes e enriquecidas de todo o carinho que recebi dos amigos e ex-colegas de trabalho que ficaram na empresa anterior. Tudo isso me fez conhecer a real força do feedback do mercado.

Resumindo: fiquei apenas duas semanas desempregado! Fui recontratado com um salário 40% maior que o anterior, com oportunidades de carreira muito mais atrativas, e com a possibilidade de construir um legado com mais força.

Todos entram em tempestades alguma vez na vida, tudo depende de como você sai dela. Uma coisa é certa: você sempre sai diferente da forma que entrou.

Eis então algumas dicas para usar as redes sociais. Registrei aqui duas redes sociais que uso atualmente. Muitas outras existem e tenho certeza de que você poderá pesquisar outras diferentes, fique à vontade! O que quero aqui é estimular a reflexão acerca do tema.

LinkedIn (www.linkedin.com):

Esta tem o objetivo de aproximar profissionais. Aqui você não conseguirá postar as fotos do seu cachorrinho tomando banho, nem nada muito pessoal. No LinkedIn você poderá cadastrar sua formação acadêmica, experiência profissional, redes que atua e ainda participar de fóruns de discussão etc. Ao cadastrar seus dados, perceberá que o sistema automaticamente o indicará pessoas que, de alguma forma, tenham algo em comum com você (ou porque já trabalharam ou atuam na mesma empresa, ou porque estudaram na mesma faculdade ou curso), ou seja, o ajudará a "trocar cartões" virtualmente e enviar convites de inclusão em sua rede de contatos. Tudo que você fizer, como livros que leu ou cursos que fez e que forem atualizados na sua rede, estarão visíveis a todos os seus contatos, isto é, as pessoas sempre saberão um pouco do que você está fazendo atualmente. Trata-se de uma grande "praça" de contatos profissionais. Seja visto!

Twitter (www.twitter.com)

Este é o microblog no qual você postará mensagens curtas que poderão ser acompanhadas pelos seus seguidores. Nesta rede social, você pode procurar pessoas para seguir e tem acesso aos tuítes que elas postam. É claro que muitos utilizam para postar coisas supérfluas, mas a riqueza para *networking* desta rede está quando você consegue seguir pessoas que postam dicas, truques, indicam leitura, material de pesquisa publicado na web que têm relação direta com o que você faz profissionalmente ou se interessa em conhecer melhor. Estas joias estão dispostas por todos os lados no Twitter. Lá é possível você encontrar muito conhecimento rico e que ajudam, e muito, nas suas atividades. E se você quiser colaborar, compartilhar os seus saberes, aí a visibilidade é imensa! Conforme você começar a postar mensagens interessantes, material para pesquisas, compartilhar o que sabe, aos poucos, começará a receber seguidores, pessoas que o encontraram de alguma forma e que gostaram de ler o que você publica. Acontece que quando uma pessoa gosta do que leu, ela pode replicar isso a todos os seguidores dela e você passa a ser visto por uma quantidade inimaginável de outras pessoas, pois cada uma pode replicar isso também. Isso já rendeu inclusive alguns novos verbos como "*tuitar*" ou "*retuitar*". Meu convite é que aprenda a conjugá-los.

Procurei neste capítulo ilustrar o feedback em diretórios diferentes, pois há diversas abordagens para cada tipo de feedback. Acredito que não há respostas prontas ou receitas, mas tenho plena convicção de que mora na forma a experiência gerada com o feedback.

Lapidar a forma de dar e receber feedback, esse é o caminho. Use a **escutatória** para aprender a ler os sinais e definir a melhor forma de encarar ou de praticar o feedback.

Através da técnica do presente, pode-se ter um outro ponto de vista do feedback. Ele pode deixar de ser um momento traumático e triste e se tornar uma experiência rica em aprendizado e transformação para a evolução.

Você viu que para cada tipo de presente há uma forma de entrega que melhor se adapta a ele. Entregar o presente certo, mas da forma errada, é como música boa tocada por instrumento desafinado. Cabe à liderança agir como um maestro que conhece todos os sinais de sua orquestra. Conhece todos os instrumentos, os tons, os ritmos, os tempos da melodia, os estilos dos músicos... É responsabilidade da liderança utlizar corretamente o potencial de cada um e, com isso, harmonizar o ambiente e fazer todos tocarem juntos a música perfeita.

Há empresas nas quais facilmente percebemos a presença de boa liderança no espaço. Locais em que as pessoas sorriem e vivem o trabalho de forma plena. Ambientes onde sentimos a presença da paz e da harmonia. Nestes lugares há fila de pessoas querendo uma oportunidade de emprego. Há também uma legião de clientes que são fiéis torcedores da marca e empresa. Clientes que adoram ser atendidos pela "orquestra" da empresa e que escolhem até pagar mais ou deslocar-se por longas distâncias, pois têm a certeza de que vale a pena.

Em minha caminhada pesquisando sobre liderança, tenho conhecido de tudo. Conheço exemplos e contra exemplos. Experimentei lugares e convivência com líderes em que aprendi o que nunca fazer quando eu estivesse na liderança. Em contrapartida, conheci pessoas e lugares extremamente prazerosos e saudáveis. Espaços em que a liderança pelo respeito realmente existe e é praticada.

Todos estes lugares me ajudaram a construir este simples método do presente, no qual a escutatória se apoia. Estes aprendizados valiosos tenho conseguido registrar e compartilhar em conversas, redes sociais, aulas, leituras etc.

A vida é assim, uma oferta dos tipos de feedback para que possamos escolhê-los e entregá-los ou recebê-los. O que proponho aqui é uma escolha consciente, madura e séria, do tipo ideal e da forma correta.

A quem entrega, fica a dica de pesquisar antes e estudar a forma adequada para a entrega. A quem recebe, aprendi que saber receber o presente com dignidade e respeito também é uma arte. Manter os olhos no horizonte, cabeça erguida apesar de todas as provações a que formos apresentados. Viver lamentando feedbacks que não gostou de receber é como criança chorona que fica puxando a barra da saia da mãe com birra por um brinquedo que tanto quer, mas que não tem.

"Aprender a aprender" com todos os momentos, seja quando recebeu um presente certo na hora certa, seja quando foi um verdadeiro desastre no momento de dar ou receber feedback, este é o lema!

PARTE IV

Aprendendo com a "escutatória"

Os ganhos com feedback

Sempre há ganhos, pois sempre há o aprendizado. O tamanho do ganho dependerá do quanto você soube usar corretamente a ferramenta de feedback. Lembre-se de que colhemos o que plantamos, ou seja, resultado de nossas ações, sempre teremos. A diferença estará na qualidade do fruto colhido.

Tive a oportunidade de conhecer algumas pessoas muito queridas, e procurei ficar atento para aprender o máximo possível e absorver todos os ensinamentos dos momentos de convivência.

Certo dia, eu estava apresentando a uma equipe de consultores, uma proposta de curso de negociação que havia desenvolvido. Fiz várias pesquisas a respeito do tema, criei dinâmicas, preparei estudos de caso. Tudo certo, até que citei um jargão que tinha ouvido em um desses cursos que frequentei, o já conhecido "ganha-ganha".

Um amigo, bastante educado, pediu licença e interrompeu-me com toda gentileza e tato e me disse:

"Rodrigo, negociar é tão importante, que ganhar é pouco. Ganha--ganha é pouco, é momentâneo. Ganhar hoje não garante que continuaremos ganhando amanhã. Precisamos falar de algo mais forte. Que tal, em vez de ganha-ganha, falarmos em prospera-prospera? Isso, sim, é contínuo. Prosperidade é crescimento incessante e, em uma negociação, trata-se de ganho para ambos!"

Fiquei boquiaberto com a aula que recebi. Este sábio professor chama-se José Carlos Teixeira Moreira, hoje um amigo e carinhoso mestre, a quem dedico este tópico desta minha obra.

Com esta mensagem do prospera-prospera, quero enfatizar que um feedback deve ter isso! Prosperidade mútua. Ninguém pode receber um feedback com a sensação de que foi diminuído em seu valor, seja como profissional ou como ser humano. É responsabilidade de todos focarem na prosperidade: das pessoas ao redor, da família, do departamento, da organização, da comunidade, da sociedade, do país, do planeta. Prosperidade mútua a partir da qual todos evoluem, todos saem melhores.

Você saberá se seu feedback foi bom se, ao terminá-lo, o outro sair com a sensação de que está muito melhor do que antes de iniciar a conversa com você. Que aprendeu um caminho diferente para ser mais evoluído como pessoa, como profissional, como ser humano.

Você prosperará e a outra pessoa também, pois tudo o que plantarmos, colheremos, certo? Desta forma, você abrirá as portas para receber os mais belos presentes em forma de feedbacks também.

Quem recebe algo de alguém acaba ficando incitado a presentear também. Esta pessoa passará a procurar formas de retribuir o carinho, a generosidade que teve com o desenvolvimento dela e lhe oferecerá, com certeza, ou sua maior produtividade ou melhorias importantes que valem muito mais a pena do que ficar contando lamúrias.

Que tal aprender a ajudar os outros a serem melhores, a prosperarem? Foque no sucesso do outro. Colabore na construção de um mundo melhor e mais responsável.

"De sua segurança, cuido eu!"

Esse foi um lema desenvolvido por um técnico de segurança de uma das empresas em que trabalhei. Achei a frase incrível sob o ponto de vista de cuidar do outro. Da atenção, do querer bem ao outro e, por este motivo, protegê-lo.

Preservamos e protegemos o que de valor temos ou conquistamos. Aprendi que conquistar uma pessoa, um ser humano, de forma genuína, sem interesses próprios, mas apenas para vê-lo bem, pode ser um bom caminho a seguir.

Será que se relacionar com você é algo do tipo prospera-prospera?

Será que as pessoas sentem que saem com valor adicionado ao procurá-lo? Já parou para imaginar o que as pessoas dizem sobre as conversas que têm com você quando estão em família, na mesa do jantar, por exemplo? Será que contam entusiasmadas a experiência e o prazer que possuem ao ouvi-lo? Ou será que você é motivo de lamentos, ou nem passa de um assunto trágico a ser desprezado na conversa? Será que os pais desejam aos filhos que um dia trabalhem com pessoas como você? Ou será que tudo o que dizem é para que os filhos tenham melhor sorte?

Lembre-se: os feedbacks são os LEGADOS, os feitos, os verdadeiros registros da sua história!

Nem sempre serão imediatos. Nem sempre virão com a mesma velocidade das críticas, mas acredite, são ganhos e são sua propriedade! Sejam bons ou ruins, são seus! E de mais ninguém. Plantou, colheu! Simples assim!

Erros mais comuns em feedback

Existe um ditado que diz que é muito bom aprender com os próprios erros, porém muito mais barato é aprender com os erros dos outros. Pensando nisso, compartilho com vocês um pouco de uma coletânea que realizei convivendo com os mais diversos tipos de líderes e estudando a partir de entrevistas, pesquisas etc. que contemplam algumas gafes cometidas e que podem ajudá-lo a refletir e, por que não, evitá-las.

O "achismo"

Decidi usar este título para ilustrar o que acontece quando alguém decide dar feedback a alguém de acordo com o que "acha". Chega a ser interessante o quanto há de gestores que costumam "achar" algo em vez de concluírem, de terem certeza. Acha? Como assim?

Um feedback tem que ser baseado em fatos, em evidências reais, em ocorrências que possam ser utilizadas como exemplo de feitos a serem repetidos ou evitados. Pare de "achar" e procure ter certeza do que diz. Para isso, informe-se, obtenha todo o conhecimento necessário para poder apontar algum caminho a alguém.

Quem "acha" está sendo leviano, está julgando o saber do outro a partir de seu raso entendimento e isso, com certeza, não é justo.

Portanto, a partir de agora, se alguma pessoa, colega, par, chefe ou cliente, vier lhe dar um feedback e iniciar a frase com um "eu acho", use seu filtro e ouça, mas tenha em mente que este interlocutor pode não ter todos os elementos para debater com você. Ouça, agradeça, filtre e absorva somente o que lhe for relevante para aquele momento, para aquele contexto. Você constatará a falta de parcelas importantes no discurso dela e poderá até ensiná-la a respeito disso para que passe a entender melhor e colaborar com você na resolução deste problema.

De qualquer forma, só o fato desta pessoa dar o feedback já é muito importante, porque, de alguma forma, você tem importância para ela. Pode ser que ela o tenha como referência ou pode ser que ela o veja como ameaça. Qualquer das alternativas já é uma oportunidade para você observá-la na sua rede de contatos.

Não olhar nos olhos

Este é outro erro muito comum. A ação de olhar diretamente nos olhos pode dar indicativos importantes sobre o ponto de vista da linguagem corporal. Pessoas que desviam muito o olhar podem indicar dúvida, incerteza ou desconfiança (releia o capítulo sobre linguagem corporal). É como se o que está sendo dito não tivesse coerência.

Olhe nos olhos. Mostre a confiança que tem ao compartilhar com quem você está dando o feedback. Desviar o olhar pode indicar ao outro que há dúvidas ou insegurança no ar. E isso já traz julgamentos a quem recebe o feedback. Não precisa ficar encarando firmemente a pessoa, basta somente direcionar o olhar. Há quem exagere e mire no outro como se fosse uma questão de tiro ao alvo. Não é esse o caso!

Olhar nos olhos, de forma calma e atenciosa, pode evitar ter que reexplicar o mesmo feedback no futuro.

Atender ao telefone durante o feedback

Este erro é fatal. Parece uma ação simples e sem importância, mas, na verdade, é muito séria. Quando você está falando algo importante para o outro, ou seja, dando o seu presente, o feedback, você precisa dedicar-se a isso de corpo e alma.

Imagine você entregando um presente ao seu filho. Aquele presente que você escolheu com todo carinho. Ficou imaginando o sorriso dele ao receber, entrou em casa, ele o viu e veio correndo em sua direção. Você estava entregando o presente e... toca o seu celular e você... atende! Poxa vida! Você atende!?

Perdeu a grande oportunidade de ver o olhar feliz de seu filho para atender o telefone? Alguns minutos depois você retornaria a ligação e não perderia esta oportunidade... Quantas dessas você vem perdendo ultimamente?

Falar da pessoa e não para a pessoa

Este erro é clássico, também conhecido como "fofoca". E é tão comum que as pessoas nem se dão conta que o estão cometendo. Este modelo de relações é fortalecido por modelos culturais sustentados por alta sociabilidade e baixa importância aos objetivos, às metas, aos resultados esperados no trabalho.

E quem sustenta este mito? Os falsos heróis que ficam perambulando pela empresa à caça de elementos para comentar e, é claro, por ouvintes interessados.

Da mesma forma que o receptador é tão criminoso quanto o ladrão, para este tipo de erro de feedback é cúmplice quem ouve e permite que esse erro continue a existir, reforçando o modelo.

Certo dia, recebi uma ligação de um gestor de portaria de uma das empresas em que trabalhei. Ele, muito educadamente, queria falar comigo a respeito da conduta de uma pessoa que estava na minha equipe de trabalho. Quando começou a falar, imediatamente o interrompi com a seguinte pergunta: "Amigo, você já falou isso diretamente a ela? Porque, se ainda não, por favor, não continue, prefiro que você primeiro dê este feedback a ela e, em caso de não resolver, aí sim, você me envolve..."

Percebi que ele achou meio estranho, mas aceitou meu apelo e o fez. Nunca entrou em contato comigo novamente, mas sei que conversou diretamente com a pessoa envolvida, pois ela mesma acabou comentando comigo posteriormente que havia sido maltratada pelas profissionais da recepção e que havia sido rude com elas também.

Imagine se eu tivesse dado ouvidos àquele gestor desavisado? Ele nunca teria falado diretamente com a pessoa que precisava realmente ouvir, ficaria alimentando imaginações a respeito dela, não teria dado a ela oportunidade de contar o seu ponto de vista na discórdia, e ainda mais teria enchido a cabeça do chefe dela com uma história que ele nem presenciou.

Quando vierem falar de uma pessoa para você, pergunte:

"Você já falou isso diretamente para ela?"

Você perceberá a importância desta pergunta, pois os "caça-fofocas" irão abandoná-lo imediatamente. Veja que ganho! Você terá mais tempo para tomar seu cafezinho em paz, ou para trabalhar com tranquilidade. Sem o risco de ser envolvido em conversas paralelas que você nem sabe direito do que tratam. Ou até de estar ajudando a alimentar boatos injustos sobre outras pessoas.

Hora errada, forma errada e local errado

Outro erro clássico é o "tempo, forma e espaço". Como disse no capítulo sobre o presente a ser entregue e ao longo deste livro, há presentes que devemos entregar em público, há outros que devemos entregar em particular.

Há também hora certa para entregar o presente. Há os que precisam ser entregues rapidamente, há outros que precisam de um tempo para "esfriar".

Da mesma forma, são os feedbacks. Alguns precisam ter plateia, elogios por exemplo. Outros não devem ter outros ouvintes, devem ser feitos de forma particular, reservada. Há feedbacks que reforçam o modelo que deve ser seguido por todos, de forma positiva, sem expor ninguém, somente valorizando os resultados obtidos.

Infelizmente, há pais que insistem em expor os deslizes de seus filhos em público. Há professores que criam verdadeiros bloqueios emocionais em seus alunos ao evidenciarem o erro como algo ruim, algo que devemos temer ou nos envergonhar. É óbvio que trato aqui não dos erros de conduta, mas dos de prática com técnicas ou aprendizados. Apesar de que mesmo com os relacionados à moral, sempre há aprendizados a serem descobertos. E isso é potencializado ao chegar ao trabalho...

Modelos são repetidos e o mau uso dos feedbacks torna-se uma constante na sociedade. Posturas equivocadas e até insanas de mestres, pais, chefes, fazem desta técnica um verdadeiro show de horrores emocionais.

O problema vira um caos quando quem foi agredido via feedback decide que isso o habilita a agredir também. Conheci muitos gestores que, ao serem questionados sobre o porquê de sua aspereza em lidar com o erro dos outros, respondiam que "fizeram assim comigo, agora mereço fazer assim também". Lamentável!

Tudo depende da forma como você encara o seu aprendizado. Enquanto não tiver consciência de que algo em sua postura como pai, mestre ou gestor precisa mudar dificilmente haverá aprendizado.

"E com os que erram feio e bastante, que você consiga ser tolerante."

Frejat

Conheci uma obra maravilhosa escrita por um verdadeiro e típico *cowboy* norte-americano chamado Monty Roberts. Este senhor, criador de um método revolucionário de doma de cavalos, registrou em livro boa parte de sua experiência com o comportamento.

Em seu livro *O homem que ouve cavalos*, Roberts destaca os motivos pelos quais decidiu aprender a fazer diferente. Relata que nasceu em uma fazenda onde seu pai era responsável por domar e entregar os animais ou para corrida ou para trabalho. Há uma passagem em que conta que, logo na infância, seu pai o levou para mostrar como fazia para conseguir a obediência do animal, empregando um método brutal e violento, em que o animal era amarrado e seguidamente castigado até ser vencido pela força bruta.

Ao ver isso pela primeira vez, ficou assustado e perguntou ao seu pai se realmente precisava ser deste jeito, castigando o animal para conseguir o respeito. Mas seu pai, dominado pelo paradigma, também aplicou no garoto o mesmo método que com o cavalo, minutos antes, dando-o uma surra só pelo fato de ter duvidado ou discordado dele.

Monty poderia ter se intimidado e se submetido à imposição que sofrera, mas decidiu que, a partir daquele dia, iria aprender a como conquistar o respeito do animal sem utilizar-se dos métodos de punição.

Passou a observar atentamente os animais e descobriu que há uma regra de comunicação entre os equinos. Percebeu como são estabelecidas as linhas de comando e liderança, como os mais jovens respeitam os mais velhos, e dentre várias anotações que fez, conseguiu estabelecer um método de interação aproveitando estas descobertas.

A este método, chamou de "Conjunção" e a esta linguagem de "Equos", que hoje está difundida no mundo todo, e aqui no Brasil muito se fala na "doma racional". Há muito material publicado impresso e em vídeo a respeito. Convido você a pesquisar sobre o assunto, basta digitar o nome "Monty Roberts" no YouTube, por exemplo, e encontrará milhares de reportagens, inclusive aqui no Brasil, onde ele já ministrou vários cursos a respeito.

Usei este assunto para ilustrar o maior jargão que este autor prega em seu livro:

"Violência não é a resposta."

Monty Roberts

Pois tenho certeza de que muitos de nós tivemos ou temos exemplos parecidos em nossas vidas. Sim, violência não é a resposta. Há muita discussão acerca deste tema. E gostaria de trazer somente à reflexão o uso das palavras, pois essas acredito que sejam mais doloridas do que castigos físicos.

Acredito que toda palavra que proferimos resulta em consequências atreladas a ela. E é aí que me refiro sobre o feedback:

Será que feedback precisa mesmo ser algo que afronte e amedronte?

Será que para conseguirmos que os outros façam o que precisa ser feito, devemos humilhá-los e persegui-los? Será que realmente respeito precisa ser conquistado à força?

Será que o grito é mais inteligente e é isto que mobiliza para a ação de forma mais produtiva?

"Quando falares, cuida para que tuas palavras sejam mais úteis que o silêncio."

Provérbio indiano

Há outro caminho! É possível, sim, conseguir a mobilização e engajamento por uma outra via, a do exemplo. Seguimos aqueles que nos inspiram à ação, a uma causa verdadeira e genuína. O respeito faz com que pessoas decidam mover-se em direção a um objetivo. Mas lembre-se, respeito é valor doador e não tomador. Ou seja, primeiro você dá respeito para, em seguida, merecer recebê-lo. Vê-se muita confusão neste tema, em que se pensa que deturparam o modo, pregando "precisa mostrar respeito". Mostra-se respeito respeitando e ponto! Jamais impondo ou obrigando. Isso tem outro nome: opressão ou exploração.

Portanto, perder o *time* (tempo) certo, a forma adequada e o local ideal pode ser uma oportunidade desperdiçada. Feedback tem tempo, forma e lugar certo para ser aplicado.

Uma dica que tenho usado e que tem me trazido bons resultados como pai, mestre e gestor é, segundos antes de dizer ou agir, pergunto a mim mesmo como eu me sentiria se ouvisse ou presenciasse o que estou prestes a dizer ou fazer.

Não é nada fácil, confesso! Mas hoje, quanto mais faço isso, mais rápida é a resposta em fazer ou mudar o que iria executar instantes antes. Pois aprendi que as palavras não voltam e já que isto é verdade, por que não registrar no meu livro da vida somente aquelas que me orgulho de ter proferido?

Lembre-se de que tudo, literalmente tudo, o que fizer é sua responsabilidade e ficará registrado na sua história como autor, seja pela ação ou pela omissão. Portanto, saber fazer a escolha ideal é o maior dilema.

"Nada do que foi será, de novo, do jeito que já foi um dia."

Lulu Santos

Errou? Não lamente, aprenda!

Tenho certeza de que você já teve a sensação expressada no título. Aqui quero registrar um ponto de vista sobre o assunto.

Desde a mais tenra idade, somos influenciados por uma série de eventos que moldam nossos comportamentos. Acredito que somos seres criados para aprender. Nosso sistema de aprendizagem é repleto de meios que captam todos os sinais e formam uma complexa rede de conhecimentos que chamamos de experiência.

Experimentamos tudo o que está disponível. Com estas experiências, aprendemos. E acabamos aprendendo também que errar é ruim.

Infelizmente, pais desavisados, professores mal preparados e até líderes religiosos fracos de compaixão, acabam protagonizando eventos que ligam o erro à culpa, e ela a um sentimento de vergonha, negativo e triste.

Neste momento penso na responsabilidade que temos com nossos filhos. Quantas e quantas vezes criticamos os erros em vez de ajudá-los a retornar ao caminho? Como professor, também assisto alunos desmotivados a aprenderem com seus erros. Como executivo, me deparo com profissionais com baixa autoestima e pouca iniciativa.

Sou um admirador e praticante de artes marciais não só pelo trabalho físico, mas pelo conjunto de preparo emocional e espiritual envolvidos.

Em um treino que participei, ao cometer um erro em um exercício, fiz um gesto simples, totalmente involuntário, um sinal de negativo com meu rosto e olhar, balançando levemente a cabeça. Fui abençoado de ter um professor de verdade ao meu lado que, ao perceber, disse-me:

"Errou? Não lamente, aprenda!"

Imediatamente lembrei-me do conceito real do erro:

"O que aprendi com isso foi..."

Recordo-me que fechei os olhos, respirei e retomei meu movimento, buscando como fazer melhor, buscando a perfeição.

Então, faço-lhe aqui um convite: pare de lamentar! Aprenda com seus erros. Como diz a música: "Levanta, sacode a poeira e dá a volta por cima".

Ainda tendo as artes marciais como pano de fundo deste capítulo, certa vez assisti a uma entrevista com dos melhores e mais respeitados atletas de judô brasileiro. Então o repórter fez a seguinte pergunta:

" O que você pode nos dizer de um esporte em que o tempo todo você cai ou derruba o outro?"

Nosso campeão sabiamente respondeu:

"Você realmente não conhece o nosso esporte. No judô aprendemos que cada queda é uma nova chance de se levantar. Simples assim!"

Flávio Canto, judoca brasileiro

Achei sensacional o seu ponto de vista, tendo o erro como uma nova chance, um novo momento no caminho. Por que não? Acredito que damos jeito para tudo nesta vida, exceto para a morte. Assim, se há vida, há esperança. Acredito na esperança do verbo esperançar e não do ficar esperando. Creio, sim, que podemos aprender e esperançar pelo melhor, pela evolução, pelo novo movimento.

No Japão, há uma flor que é considerada símbolo da nação, a Sakurá. Aqui no Brasil, a conhecemos como flor de cerejeira. Esta flor possui um apreço especial ao povo japonês, que promove eventos locais e utiliza o seu simbolismo em aspectos nacionalistas e do orgulho da nação. A sua extrema beleza e rápida morte representa a mortalidade, em muito associado às tradições budistas e ao código Samurai. A flor nasce e dá um verdadeiro show antes de morrer.

Desta forma, incentiva-nos a refletir em fazermos tudo com a máxima perfeição possível, enquanto vivos estivermos, pois a vida é curta. Enquanto há vida, faça o seu melhor, sempre. Dê o seu espetáculo enquanto estiver aqui neste mundo.

Seja protagonista de sua vida e pare de pôr culpa nos outros. Viva o presente e presenteie-se com os aprendizados que o caminho proporciona a quem quer realmente aprender.

Agressões como feedback

Tenho sido muito enfático neste livro acerca do poder das escolhas. Acredito que somos produto das escolhas que fazemos, seja quando escolhemos agir, ou não, diante dos fatos. Também procurei registrar que somos os únicos responsáveis por estas escolhas, as que fizemos ou que deixamos de fazer.

Além disso, ao escolhermos, podemos optar pelo estado positivo de atitudes, aqueles que ajudam a construir, a desenvolver, a servir de apoio para o crescimento e a evolução. Deixei anotado neste livro algumas reflexões sobre esse ponto de vista, pois acredito que se gasta a mesma energia para seguir tanto opções positivas quanto negativas.

Por este motivo, dediquei este tópico às escolhas negativas. É preciso conhecer o que há do outro lado para que a ciência disso possa proporcionar a consciência dos atos e omissões que realizamos.

Sim, meus amigos e minhas amigas, tanto eu quanto você já encontramos muitas pessoas em nosso caminho que escolheram o lado negativo, o que aqui chamarei de "sombra". Com pensamentos e crenças de educador, tenho a tendência de crer que é possível aprender sempre. Aprendemos a fazer o errado, podemos aprender também a fazer o certo. Basta querer!

Os budistas costumam dizer que os que ferem os outros merecem nossas preces, pois na verdade só têm tristeza e sofrimento por dentro, portanto só podem oferecer isso. Quem machuca, ofende, humilha, nada mais é do que um depósito de sombra, de escolhas negativas. Tais pessoas estão repletas de motivações pela falta, pelo ego, pelo emocional imaturo.

Pois bem, partindo deste princípio, dediquei as linhas seguintes às consequências destas escolhas. Apresentei até aqui um método para um caminho mais positivo e produtivo de buscar o crescimento a partir da técnica do feedback. Refletimos acerca de presentear alguém com algo que ela possa usar em sua caminhada, de modo a torná-la mais prazerosa.

Contudo, aos que ainda escolherem usar o feedback para pressionar, humilhar, coagir ou ofender, mesmo que de maneira sutil, é devido lembrar que há consequências nesta escolha.

Preciso ressaltar que há leis vigentes em nosso país. Legislação esta que tem sido cumprida de forma exemplar pelo judiciário trabalhista e cível brasileiro. Aqui refiro-me às formas de assédio. Agressões tipificadas em nossos códigos oficiais que têm levado empresas e gestores aos bancos da justiça para receberem o merecido tratamento que plantaram, multas e punições para servir de exemplo e inibir a prática.

Vários são os exemplos na história recente de nosso país. E como um importante ingrediente estão a mídia e as redes sociais, que têm se encarregado de divulgar aos quatro ventos a reputação das empresas que aceitam realizar essas aberrações na gestão de seus negócios e equipes.

Conheci casos de gestores de vendas que entregavam "prêmios" ofensivos aos colaboradores que ficassem por último na lista de desempenho em um determinado período. Ouvi relatos de pessoas que foram expostas a piadas por seus chefes e colegas pelas roupas, características ou limitações físicas que apresentavam. Humilhações públicas protagonizadas muitas vezes por chefes despreparados, que agem como verdadeiros criminosos travestidos de gestores.

Esses, iludidos pelo ego e pelo poder, esquecem-se de um detalhe da vida: ela dá voltas! E muitas voltas! Quando menos esperamos, colheremos aquilo que plantamos.

Preciso alertar e registrar que faz parte da escutatória agir com postura correta, idônea, respeitável. Quer respeito? Primeiro, ofereça respeito. Quer receber tratamento justo? Pratique a justiça. Simples assim.

Preciso salientar também que, ao escolher as práticas do abuso moral ou sexual, estas pessoas merecem, nada mais nada menos, que serem tratadas nas linhas da lei. Pois, nessas situações, há ocorrência de ação prevista e tipificada como crime.

Ninguém deve ser obrigado a conviver com injúrias, ofensas, sarros, exposições e pressões oferecidas por chefes ou colegas de trabalho. Ambientes em que tais práticas existem precisam ser banidos, seja na empresa, seja na comunidade ou na família. Precisamos agir para colocar em ação um novo modelo, baseado no respeito, na paz, na prosperidade mútua.

Em hipótese alguma seremos complacentes com baixa performance, contudo, jamais devemos ofender ou agir com agressão física ou verbal como forma de forçar a aprendizagem de alguém.

Decididamente, a violência não ensina ninguém. Pena que ainda existam pais, educadores e chefes que acreditem no contrário. Inclua-se na categoria violência toda palavra proferida de modo ofensivo, irônico, e sarcástico dirigida a alguém como forma de reprimenda dos erros cometidos.

Como diz o velho ditado, "aos inimigos, a lei!" Pois não há outra qualificação a não ser a de inimigo aos que escolhem o assédio moral ou sexual como seu expediente de liderança.

Sei que neste momento há pessoas que acabam submetendo-se a seus agressores, pois precisam do emprego e acreditam não ter nenhuma ou poucas alternativas para livrarem-se deste mal. Porém, como minha sábia avó dizia: "Não há bem que não se acabe, e não há mal que sempre dure".

Creio que não conforta, mas é uma verdade! Para tudo há um fim. Para tudo há um significado. Se você pode agir para mudar a situação, o faça de forma positiva, influenciando até trazer à tona a bondade como prática. Mas se está preso a amarras, procure manter o equilíbrio e prepare-se para a mudança. Pois ela chegará cedo ou tarde.

Agredir os outros porque foi agredido no passado nada mais é do que crueldade e jamais pode ser chamado de método de dar feedback. Há também chefes que parecem ser bons, mas na prática são verdadeiros tiranos. Hipócritas que pregam bons atos, mas realizam verdadeiras torturas emocionais que rebaixam e reduzem a energia de suas equipes como forma de demonstrar poder, de marcar território.

PARTE V

Chegando ao destino

Ao chegar ao destino

Ao abrir este livro, você encontrou o conceito da palavra "oportunidade". Viu que a etimologia a descreve como o vento bom que leva ao porto ou o vento que moverá sua embarcação ao destino desejado.

Posso afirmar, com toda convicção, que acredito piamente neste conceito. Uma oportunidade é uma grande energia à disposição de quem deseja realizar algo, um grande espaço potencial à conquista, à evolução deliberada, ao encontro com o sucesso desejado.

Por este motivo, a analogia com o porto é tão simbólica e faz tanto sentido, na minha opinião. No porto está nosso destino, o local onde ancoramos e fixamos a chegada, onde finalmente colheremos o que tanto esperamos.

Você pode escolher semear de qualquer forma, sem método ou atenção, só não reclame se tiver dificuldades na qualidade da colheita, o vento poderá espalhar sua semeadura, os fertilizantes nem sempre terão o efeito homogêneo e, provavelmente, seus ganhos estarão comprometidos.

Mas há a escolha de lançar sementes de bondade por onde passar. Pode escolher ter atenção e cuidado no ato de plantar. Optar por fazer benfeito, no jeito certo, de forma mais assertiva e comprovada. Assim, há grandes chances de sucesso.

Pode ser que, por mais que você aja de forma correta, planeje direitinho, cuide com atenção dos detalhes, ainda assim receba de surpresa uma tempestade ou um imprevisto da natureza, ao qual você não tem o controle ou a previsão. Mas tenha certeza de que vale muito mais a pena fazer o certo!

Durante toda a leitura dos capítulos anteriores, você pôde perceber que tratar feedback de uma forma mais elaborada, mais humana, mas atenciosa, sem dúvida dá trabalho. Exige mais tempo, interesse e dedicação.

Vale ressaltar que para aprender a lidar com gente é preciso interessar-se por gente. A cada descoberta, um novo show da natureza, um novo mundo se abre, uma nova porta surge no horizonte da liderança.

É preciso manter-se com a alma aberta para receber as mensagens e as descobertas acerca do comportamento humano para oferecer eficientes e eficazes feedbacks.

Ao adotar a analogia do presente para considerar seus feedbacks, você dará a eles uma roupagem diferente. Pois se tratá-los da mesma forma com que dá um presente a alguém que estima, que admira, que ama, você usará um novo componente na confeção destes feedbacks: o seu coração.

Em essência, todos somos bons e repletos de amor. O que acontece é que, ao nascer, somos expostos ao mundo que nem sempre estava envolto do amor que já vem "injetado" no nosso coração. Há pessoas que aprendem a conviver com a brutalidade de pais ou mesmo nem tiveram seus genitores por perto para aquecer e fortalecer o amor em seus corações. São expostas a advesidades, violência, ignorância, medo, tristeza, ódio, rancor... Ou seja, somente a sentimentos e sensações desagradáveis, que só criam feridas na alma.

E como toda ferida, cicatriza com o tempo, mas a marca permanece. As pessoas que sofrem com isso, aos poucos, criam algo como se fosse casca sobre seu coração, envolvendo-o e distanciando-o de sua essência.

Assim, vê-se que são seres de "coração duro", que evitam sentimentos, fogem de situações às quais temem e que, muitas vezes, escolhem atacar o outro como forma de defesa. Como se tudo e todos ao seu redor oferecessem constante ameaça ao seu território, ao seu corpo ou à sua integridade.

Em minha caminhada, tenho aprendido que é mais prazeroso agir pela bondade e respeito, aprendi que violência não é a resposta e que se interessar por gente pode ser mais vantajoso.

Provavelmente, você tropeçará em pessoas que tentarão desviar sua atenção ou até o farão duvidar de suas convicções. Ouvirá pelos corredores que tudo o que faz é besteira, que tudo é muito bonito na teoria, mas que, na prática, a realidade é outra. Discursos repetidos de pessoas que ainda escolheram a sombra como caminho. Em momentos assim, aproveite a oportunidade para provar quão coerente e forte são seus valores e suas crenças. Se lhe oferecerem a sombra, devolva luz.

Se ao receber feedbacks no trabalho, você ouviu palavras de sarcasmo, ofensas ou ironias, em vez de orientação ou direcionamento, lembre-se de que há um motivo para você estar ali. Talvez seja você a pessoa que ajudará a mostrar um novo caminho para os feedbacks aos colegas e às equipes.

Se você sofreu ou sofre pressões na família, chora por não ter o apoio que gostaria, lamenta por sentir falta de atenção ou carinho dos seus, ponha seu foco na luz. Vire-se da sombra, da falta ou do que é negativo. Busque a sabedoria que está sendo oferecida a você neste momento. Pode parecer que inexiste quando tudo está negro e triste. Mas há!

Novamente, é uma questão de escolha. Seja qual for a sua, esta é sua responsabilidade. Só você tem a resposta. O ônus e o bônus serão os resultados obtidos com a ação ou com a inação, com a palavra proferida ou com o silêncio, com o que fez ou com o que omitiu. Em suma, as consequências serão suas!

Ao presenciar tristes práticas de assédio no mundo corporativo, inclusive sentir na pele em alguns destes, escolhi fazer diferente. Decidi aprender o que não fazer quando eu estiver no comando. A cada momento em que aconteciam tristes episódios comigo ou com meus colegas, após toda a indignação e revolta, ao retomar a consciência em algum momento, tentei buscar aprender algo.

Confesso que não é fácil. Muitas vezes deixei-me ser tomado pela tristeza, pela sombra. Mas agradeço, pois sou rodeado de pessoas de luz que me tomaram pelos braços, que me deram os feedbacks que eu precisava ouvir e não os que eu queria ouvir. Pessoas que escolheram dedicar seu tempo comigo e me ajudaram em minha caminhada. A elas, dedico todo o meu amor e gratidão.

A partir do convívio com essas pessoas nos corredores corporativos, nas salas de aula, na minha família, nas palestras, nos eventos e em redes sociais, consegui registrar e compartilhar o que tenho aprendido. Estes seres de luz me inspiraram a perceber aprendizados onde tudo parecia ser tristeza, a descobrir conhecimento e sabedoria onde nem sempre pude identificar.

Os registros que fiz, aos poucos, deram forma ao conteúdo deste livro, moldaram as palavras e mensagens que aqui anotei, deram vida aos aprendizados que coletei e coleto observando o comportamento humano nas organizações.

Este é o curso da escutatória, este é o fundamento principal que tenho aprendido com o feedback, que nada mais é do que algo que remete às nossas ações, às consequências de nossos atos. Recebemos o eco dos sons que emitimos, assim sendo, é imperativo saber escutar e interpretar estes sons.

Espero que de alguma forma as mensagens contidas nesta obra tenham sido úteis a você. Espero que você tenha encontrado reflexões que o ajudaram a pensar que há outro ponto de vista. Espero que nos parágrafos que percorreu nesta jornada, tenha descoberto algo que despertasse seu interesse sobre o ser humano, sobre fazer o bem através do feedback.

Se lhe ofereceram tristeza, seja você quem oferecerá bondade; se o entristeceram com práticas de feedback lamentáveis, seja você quem ajudará os outros a encontrarem o seu desenvolvimento, ou seja, que apoiará pessoas a saírem de seus envoltos, de seus invólucros, de suas "cascas". Seja você a pessoa que agirá visando estimular o brilho dos outros, que ajudará a polir a joia que brilha no outro, que lapidará e aumentará o valor do outro.

Perceba que feedback é ação de zelo, de artista, de polimento, de lapidação. Seja você quem iluminará o caminho do outro. Esse é o meu desejo!

E, para finalizar, se chegamos juntos até aqui, tenho a agradecer-lhe por seu tempo e interesse. Foi uma honra e privilégio ter podido compartilhar com você algumas de minhas ideias e pensamentos. Agradeço por ter permitido e escolhido conhecer o meu trabalho, e fique à vontade para compartilhar suas posições quando quiser, deixando sua mensagem pelas redes sociais ou blogs nos quais costumo registrar meus posts.

Será um prazer conhecer os seus casos e pontos de vista, pois aprenderemos juntos!

Muito obrigado!

Referências bibliográficas

ALBRECHT, Karl. *Inteligência Prática:* arte e ciência do bom senso. São Paulo: M. Books, 2008.

ALVES, Rubem. *O amor que acende a lua.* 3. ed. Campinas: Papirus, 2003.

ALVES, Rubem. *Escutatória. Correio Popular.* Disponível em: <http://rubemalves.com.br/site/10mais_03.php.> Acesso em: 08 set. 2015.

BARROS FILHO, C. de; POMPEU, J. *A filosofia explica as grandes questões da humanidade.* São Paulo: Casa da Palavra, 2013.

BENDER, Arthur. *Personal Branding.* São Paulo: Integrare, 2009.

BÍBLIA, N.T. Mateus. Português. In: *Bíblia Sagrada.* Versão de Antonio Pereira de Figueiredo. São Paulo: Ed. Das Américas, 1950, cap. 12, vers. 11.

BYRNE, Rhonda. *O Segredo.* Rio de Janeiro: Ediouro, 2007.

CHOPRA, Deepak. *As sete leis espirituais do sucesso:* um guia prático para a realização de seus sonhos. Rio de Janeiro: Best Seller, 2013.

CARROLL, Lewis. *Alice no País das Maravilhas.* São Paulo: Arx, 2010.

COBRA, Nuno. *A semente da vitória.* 49. ed. São Paulo: Senac, 2003.

CORTELLA, Mario Sergio. *Qual é a tua obra?* São Paulo: Vozes, 2007.

_____; MUSSAK, E. *Liderança em Foco.* Campinas: 7 Mares, 2009.

_____. *Pensar bem faz bem 2:* família, carreira, convivência, ética. São Paulo: Vozes, 2013.

DRUCKER, Peter. *O gerente eficaz em ação.* São Paulo: LTC, 2007.

FISHER, Roger; URY, William; PATTON, Bruce. *Como chegar ao sim:* A negociação de acordos sem concessões. Rio de Janeiro: Editora Imago, 1994.

GLADWELL, Malcolm. *Fora de série:* descubra por que algumas pessoas têm sucesso e outras não. Rio de Janeiro: Sextante, 2008.

GOLDSMITH, Marshall. *Mojo:* como conseguir, como manter e como reconquistar o que você perder. Curitiba: Nossa Cultura, 2011.

GOLEMAN, Daniel. *Inteligência emocional:* a teoria revolucionária que redefine o que é inteligente. Rio de Janeiro: Objetiva, 1995.

GOLEMAN, Daniel; BOYATZIS, Richard; McKEE, Annie. *O poder da inteligência emocional:* a experiência de liderar com sensibilidade e eficácia. Rio de Janeiro: Campus, 2002.

GREGÓRIO, Fernando César. *Aplicando Maquiavel no dia a dia.* São Paulo: Madras, 2008.

HICKS, J.; HICKS, E. *O universo conspira a seu favor.* Rio de Janeiro: Ediouro, 2008.

HOU, Wee Chow. *Sun Tzu:* a arte da guerra e do gerenciamento. Rio de Janeiro: Record, 2005.

HUNTER, James. *O monge e o executivo.* Rio de Janeiro: Sextante, 1998.

INSTITUTO NITEN. *Shin Hagakure:* Pensamentos de um Samurai Moderno. Disponível em: <http://www.niten.org.br/shinhagakure/>. Acesso em: 05 ago. 2015.

INSTITUTO RUBEM ALVES. Disponível em: <www.rubemalves.com.br/>. Acesso em: 05 ago. 2015.

Referências bibliográficas

JULIO, Carlos Alberto. *A magia dos grandes negociadores:* venda produtos, serviços, ideias e você mesmo com muito mais eficácia. Rio de Janeiro: Elsevier, 2005.

KISHIKAWA, Jorge. *Shin Hagakure:* pensamentos de um samurai moderno. São Paulo: Kendoonline livros, 2010.

LAMA, Dalai. *Uma ética para um novo milênio:* sabedoria milenar para o mundo de hoje. Rio de Janeiro: Sextante, 2006.

MANDELLI, Pedro. *Muito além da hierarquia.* São Paulo: Gente, 2007.

MANDINO, Og. *O maior milagre do mundo.* Rio de Janeiro: Record, 2008.

MORGENSTERN, Julie. *De bem com o trabalho.* São Paulo: Landscape, 2005.

MUSASHI, Miyamoto. *O livro dos cinco anéis.* São Paulo: Conrad, 2008.

MUSSAK, Eugênio. *Os caminhos da mudança.* São Paulo: Integrare, 2008.

NIHONGO BRASIL. Dicionário. Disponível em: <http://www.nihongobrasil.com.br/g-dicio.php)>. Acesso em: 05 ago. 2015.

OKAWA, Ryuho. *A essência de Buda:* o caminho da iluminação e da espiritualidade superior. São Paulo: IRH Press do Brasil, 2013.

PEASE, Allan; PEASE, Barbara. *Desvendando os segredos da linguagem corporal.* Rio de Janeiro: Sextante, 2004.

_____. *Como conquistar as pessoas:* dicas para você ampliar suas relações e criar laços mais gratificantes. Rio de Janeiro: Sextante, 2006.

PESSOA, Fernando. *Mensagem.* Lisboa: Parceria A.M. Pereira, 1934.

REDFIELD, James. *A profecia Celestina:* uma aventura da nova era. Rio de Janeiro: Fontanar, 1993.

ROBERTS, Monty. *O homem que ouve cavalos.* Lisboa: Bertrand, 1996.

ROBBINS, Anthony. *O poder sem limites:* o caminho do sucesso pessoal pela Programação Neurolinguística. Rio de Janeiro: Best Seller, 2005.

SAINT-EXUPÉRY, Antoine de. *O pequeno príncipe.* Rio de Janeiro: Agir, 2008.

ULRICH, D.; ULRICH, W. *The why of work:* how great leaders build abundant organizations that win. New York: McGraw Hill, 2010.

WEILL, P.; TOMPAKOV, R. *O corpo fala.* São Paulo: Vozes, 2001.

WIKIPÉDIA. *Nuno Cobra.* Disponível em: <http://pt.wikipedia.org/wiki/Nuno_Cobra>. Acesso em: 05 ago. 2015.

_____. *Shin Hagakure:* Pensamentos de um Samurai Moderno. Disponível em: <http://pt.wikipedia.org/wiki/Shin Hagakure: Pensamentos_de_um_Samurai_Moderno>. Acesso em: 05 ago. 2015.

> Contato do autor
> rleite@editoraevora.com.br